Klassische Schullektüre
Herausgeber: Ekkehart Mittelberg

Sehnsucht und Bitternis

Kurzprosa aus der DDR

Ein Lese- und Arbeitsbuch

Texte und Materialien
bearbeitet von
Karl-Ewald Tietz und Gunnar Müller-Waldeck

Cornelsen

Umschlaggestaltung: Matthias Mantey, Berlin
Umschlagillustration: Klaus Ensikat

1. Auflage 1994
Alle Drucke dieser Auflage können, weil untereinander unverändert, im Unterricht nebeneinander verwendet werden.

Satz: paetec GmbH, Berlin
Druck: Saladruck
ISBN 3-464-52070-6
Bestellnummer: 520706

Inhalt

Vorwort

Liebe Schülerinnen und Schüler

Wir wollen unser Lese- und Arbeitsbuch mit zwei kurzen Texten beginnen, die knapp und schlaglichtartig Menschen in scheinbar unbedeutenden Gesprächsaugenblicken zeigen:

> Der Schemel
>
> Einer der neuen Menschen unserer Zeit, einer ihrer friedlichen Helden – ob es nun der Steiger Sepp Wenig war oder der Häuer Franik oder ihrer beider Vorbild Hennecke, kann ich nicht sagen, denn die Anekdote, von der hier die Rede ist, wird in jedem Grubenrevier anders erzählt – wurde, als er jungen Bergleuten seine Neuerermethoden erklärte, vom Wißbegierigsten unter ihnen gefragt, was für die Erzielung außerordentlicher Erfolge bei der Arbeit das Wichtigste sei: das Suchen nach immer besseren Methoden, die fortwährende Vervollkommnung der eigenen Fachkenntnisse oder das richtige Verständnis für freiwillige Disziplin und Zusammenarbeit.
>
> Der Gefragte sann nur einen Augenblick lang nach und entgegnete dem jungen Kumpel, indem er ihn ebenso verschmitzt wie aufmunternd anlächelte: „Wenn du einen dreibeinigen Schemel hast – welches Bein ist wohl das wichtigste?"
>
> F.C.Weiskopf (1955)

> Elfjähriger
>
> „Ich bin in den Gruppenrat gewählt worden", sagt der Junge und spießt Schinkenwürfel auf die Gabel. Der Mann, der das Essen für ihn bestellt hat, schweigt. „Ich bin verantwortlich für sozialistische Wehrerziehung", sagt der Junge.
>
> „Wofür?"
>
> „Für sozialistische Wehrerziehung." Er saugt Makkaroni von der Unterlippe.
>
> „Und was mußt du da tun?"
>
> „Ich bereite Manöver vor und so weiter."
>
> Reiner Kunze (1976)

Franz Carl Weiskopf (1900 – 1955) verwendet in seinem Text eine Fülle von Informationen über Zeit und Atmosphäre des Aufbaus der Deutschen Demokratischen Republik (DDR) zu Beginn der fünfziger Jahre. Er will den „neuen Menschen unserer Zeit" vorstellen, doch geschichtliche, ökonomische und moralische Sachverhalte drängen hier Menschliches und Individuelles in den Hintergrund. Der listige Vergleich in der Antwort des „friedlichen Helden“ konnte weder in den fünfziger Jahren noch später jemanden so recht nachdenklich stimmen oder ihm gar ein Schmunzeln abringen. Die positive Idee des Autors, Menschen zur freien und schöpferischen Arbeit für ihren jungen Staat und damit für sich selbst zu motivieren, wird durch die unübersehbare, wenn auch freundliche Erziehungsabsicht geschwächt.

1976 erscheinen im Prosaband „Die wunderbaren Jahre“ von Reiner Kunze (geb. 1933) kleine Impressionen über Sechs- bis Zwölfjährige, die mit Spielzeugwaffen und in einem Falle mit Sportpistolen umgehen. Der Autor, der nach beruflichen und politischen Anfeindungen in der DDR ein Jahr später in die Bundesrepublik Deutschland (BRD) übersiedelt, gestaltet dabei die Grenze zwischen kindlichem Kriegsspiel und wehrpolitischer Erziehung durch den sozialistischen Staat fließend. Besonders der nicht mit dem Leben in der DDR vertraute Leser wird über die Selbstverständlichkeit erschrecken, mit der hier ein Elfjähriger Begriffe wie „sozialistische Wehrerziehung“ und „Manöver“ verwendet, ohne den politischen Hintergrund verstehen zu können. Bezüge zum „Schießbefehl“ – so der Titel einer anderen Geschichte von R. Kunze – und zur Militärdoktrin des ostdeutschen Staates stellen sich her.

F.C. Weiskopf preist die Chancen für den neuen Menschen in der DDR; R. Kunze warnt vor dem gefährlichen System DDR, das Menschen verführt und falsch erzieht. Zwei Auffassungen – zwei Welten. Doch keiner der beiden Autoren kann und will die alleinige Wahrheit für sich in Anspruch nehmen. Schriftsteller können immer nur einen Ausschnitt der Wirklichkeit widerspiegeln und literarisch gestalten; dabei gehen sie zu Recht von subjektiven Vorstellungen aus. (In der DDR sollte das im übrigen nicht unbedingt so sein, da die Sozialistische Einheitspartei Deutschlands (SED) als herrschende Partei jede Kunstentwicklung entscheidend bestimmen wollte. Darüber erfahrt ihr auch einiges in diesem Buch.)

Wir haben für dieses Buch aus der Vielfalt der DDR-Literatur kurze, in sich abgeschlossene Texte von zwanzig Autorinnen und Autoren ausgewählt, die unserer Meinung nach **junge Leute zwischen 12 und 18 Jahren** interessieren. Die Namen der Verfasserinnen und Verfasser stehen für künstlerische Qualität und können die Literatur der DDR repräsentieren. Vieles konnte allerdings einfach aus Platzgründen nicht aufgenommen werden – man schaue nur einmal auf die Fülle wichtiger Bücher in unserer Chronik (S. 109 ff.). Autoren der DDR sind im übrigen für uns auch Künstler wie Günter Kunert, Reiner Kunze oder Thomas Brasch, die – gezwungen durch das politische System – das Land verlassen mußten.

Bei den abgedruckten Texten handelt es sich vor allem um Kurzgeschichten, Erzählungen und Anekdoten; aber ihr werdet auch ein Kunstmärchen und eine moderne Legende, eine Sage und einen Schwank finden.

Die meisten Geschichten erzählen in kleinen Ausschnitten und immer an einzelne Schicksale gebunden über das Leben von Menschen in der DDR, über Alltägliches und manchmal scheinbar Banales, über Vergangenes und Gegenwärtiges, über nachdenklich Stimmendes und zuweilen Komisches, ebenso über Sorgen, Widersprüche und auch viel Tragisches. Auch jene Texte, die sich früheren Zeiten zuwenden, sind ein Teil DDR, belegen sie doch, wie vielschichtig man wenigstens in der Literatur mit der Vergangenheit umging. In allen Fällen aber können wir erleben, wie die literarischen Figuren mit Familie und sozialer Umwelt, mit der Gesellschaft oder der Macht des Staates konfrontiert werden.

Der Titel der Sammlung „Sehnsucht und Bitternis“ soll darauf verweisen, daß die Wünsche, Hoffnungen und Erwartungen sehr vieler Menschen mit dem Entstehen und Wachsen der DDR verbunden waren. Doch die meisten wurden von politischen und wirtschaftlichen Fehlentscheidungen und -entwicklungen schmerzlich enttäuscht. Sie und erst recht jene, die gesellschaftliche Probleme mutig offenlegen und lösen wollten, machten ihre bitteren persönlichen Erfahrungen. Sehnsucht und Bitternis lagen also dicht beieinander, und das spiegeln die nachfolgenden Texte wider.

Wir denken, daß ihr in den Geschichten manches findet, was zwar stofflich an ein nicht mehr existierendes Land gebunden ist, literarisch aber die Zeit überdauert: In den Wünschen und Zielen, Haltungen und Charakteren, Lebensläufen und Schicksalen der literarischen Gestalten sind Botschaften zu entdecken, die den einzelnen auch heute oder morgen nachdenklich stimmen und zu persönlichen Fragen und Einsichten führen können. Immer aber sollen die Geschichten auch *unterhalten*!

Die Texte sind entsprechend dem Geburtsjahr der Autorinnen und Autoren angeordnet. Man sollte sie aber nicht unbedingt nacheinander lesen. Im Unterricht werdet ihr ohnehin aufschlußreiche Querverbindungen herstellen.

Die Bilder und Arbeitsanregungen sollen das Aufnehmen und Erschließen der Texte unterstützen. Die im Anhang aufgenommenen dokumentarischen Materialien informieren über wichtige politische und kulturpolitische Sachverhalte, über Autorenhaltungen und Auseinandersetzungen, die die Literaturszene der DDR nachhaltig beeinflußt haben. So kann euch manche Geschichte und mit ihr mancher Autor verständlicher werden.

Wir wünschen euch eine anregende Lektüre!

Karl-Ewald Tietz — Gunnar Müller-Waldeck

Bertolt Brecht

Bertolt Brecht wurde am 10.2.1898 in Augsburg geboren; er starb am 14.8.1956 in Berlin. Nach einem begonnenen Medizinstudium in München widmete er sich bald seinen schriftstellerischen Neigungen, hörte Theaterwissenschaft und schrieb 1918 sein erstes Bühnenstück, „Baal". Mit „Trommeln in der Nacht" (Uraufführung München 1922) erreichte er schnell sein Publikum. Zahlreiche weitere Stücke ließen ihn zu einem der wichtigsten deutschen Theaterautoren dieses Jahrhunderts werden, z.B. „Dreigroschenoper" (Uraufführung Berlin 1928), „Die Mutter" (nach Gorkis Roman; Uraufführung Berlin 1932), „Die heilige Johanna der Schlachthöfe" (Hörspielfassung Berlin 1932; Uraufführung Hamburg 1959); „Mutter Courage und ihre Kinder" (Uraufführung Zürich 1941) und „Leben des Galilei" (Uraufführung Zürich 1943).

Brecht, der das Epische Theater prägte, in dem der Zuschauer das emotionale Erleben stets durch den Verstand kontrollieren soll, ist einer der wichtigsten Theatererneuerer unseres Jahrhunderts gewesen.

Auch als Lyriker wurde er sehr bekannt. Zu seinen wichtigsten Sammlungen zählen „Hauspostille" (1927), „Svendborger Gedichte" (1939) und „Buckower Elegien" (1953). Unter Brechts Prosaarbeiten ragen drei große Fragmente heraus: „Der Dreigroschenroman" (1934), „Die Geschäfte des Herrn Julius Cäsar" (1948) und der „Tui-Roman" (1930 – 1942). Daneben entstanden zahlreiche Geschichten. Die hier abgedruckte Eulenspiegel-Geschichte gehört zu den Vorarbeiten für einen um 1948 geplanten Eulenspiegel-Film.

Elizabeth Shaw Bertolt Brecht (Zeichnung)

Bertolt Brecht Eulenspiegel als Arzt

Durch einige Geschäfte aufgehalten, kam Eulenspiegel in das Dorf Murthal erst, als der Fürstenzug schon durchgezogen war. Das Dorf war immer sehr arm gewesen, aber jetzt war das Letzte aufgefressen, so daß Eulenspiegel nichts zum Mittagessen fand. Da entdeckte er in einem Hof ein Huhn. Er klopfte an die Tür, und ein Greis öffnete ihm. Im Bauernhaus befanden sich nur der Greis und die kranke Bäuerin, die im Bett lag; die Männer waren auf dem Feld. „Ich sehe, Ihr seid krank", sagte Eulenspiegel zur Bäuerin. „Da kann ich Euch vielleicht helfen, ich bin der Leibarzt des Grafen von Geerten und sehe auf den ersten Blick, Ihr leidet an der morbus immensus spitaliter[1]. Habt Ihr ein Huhn im Haus?" Als die Bauersleute nichts antworteten, fuhr Eulenspiegel mit besorgter Miene fort: „Die Krankheit morbus divinus hospitalis[2] kommt von der Erschöpfung. Ich bin sicher, Ihr fühlt Euch erschöpft." – „Ja, das tue ich, und kein Wunder", sagte die Frau, „das Feld muß bestellt werden, und ich muß den Pflug ziehen. Den Ochsen haben die Fürsten mitgenommen." – „Bei der Gräfin von Geerten", sagte Eulenspiegel bedächtig, „kam die Erschöpfung vom vielen Tanzen. Sie wäre in drei Tagen tot gewesen, wenn ich ihr nicht das einzig Richtige verordnet hätte. Noch einmal: habt Ihr ein Huhn im Hause? Bedenkt die Antwort wohl, es hängt viel davon ab." – „Nein", sagte der Greis, aber die Frau sagte: „Hol es." – „Und koch es", sagte Eulenspiegel. „Hol die Nachbarin", sagte die Bäuerin, „sie soll es kochen." – „Halt", sagte Eulenspiegel, „es müssen mindestens zwei sein, die es kochen. Überhaupt möchte ich, daß möglichst viele sehen, was die Medizin in solchen Fällen macht." Als das Huhn gekocht und die Kammer voll von Bäuerinnen war, setzte Eulenspiegel sich an den Tisch, begann das Huhn zu verspeisen und erteilte dabei seine Ratschläge. „Wann hast du zum letztenmal getanzt?" fragte er die Kranke. „Letztes Jahr auf Kirmes[3]", antwortete die Bäuerin. „Aha", sagte Eulenspiegel und schob einen Hühnerflügel in das Maul. „Das erste, was ich der Gräfin von Geerten untersagt habe, die an der gleichen Krankheit litt, war das Tanzen im Übermaß. Dasselbe gilt für dich. Außerdem sagst du mir, daß du den Pflug ziehst. Auch das habe ich der Gräfin von Geerten strengstens untersagt, und für dich gilt dasselbe. Zur Heilung habe ich der gnädigsten Gräfin täglich ein Huhn verordnet. Dasselbe verordne ich dir; denn in den Augen der Medizin ist kein Unterschied zwischen der allerfeinsten Gräfin und dir, du verstehst, die Mägen sind dieselben." – „Das einzige Huhn, das wir noch hatten, ist das Huhn, das du auffrißt", sagte der Greis zornig. „Ich verstehe", sagte Eulenspiegel und beeilte sich mit seinem Mahle. „Nun schön, etwas Kräftigendes mußt du haben. Habt ihr roten Wein?" – „Nein", sagte der Greis,

1 *morbus immensus spitaliter:* vom Hochstapler Eulenspiegel erfundene lateinische Bezeichnung, die aus den Teilen morbus (Krankheit), immens (unermeßlich, groß) und spitaliter (abgeleitet von Spital: Hospital) besteht

2 *morbus divinus hospitalis:* vgl. oben (divinus – göttlich)

3 *Kirmes:* jährlich stattfindendes Volksfest; Kirchweih – ursprünglich Weihtag einer Kirche und dessen alljährliches Gedenkfest

„du kannst Wasser saufen, wenn du Durst hast.“ – „Ich habe nicht für mich gefragt“, sagte Eulenspiegel würdig, „ich fragte für die Kranke, ich selbst bin satt.“ Und er stand auf. „Wenn ihr keinen Wein habt, kann es auch Handkäse [1] sein, aber mag sein, ihr habt auch davon nicht genug, nachdem die Fürsten hier durchgezogen sind, die nehmen sich, was sie brauchen. Ich rate in diesem Fall zu Salbeitee.“

Als Eulenspiegel diesen Rat gegeben hatte und Anstalten traf, das Haus zu verlassen, sagte eine besonders dumme Bäuerin: „Salbeitee, das hast du, Trine, das steht ja neben deinem Bett.“ Aber die andern Bäuerinnen blickten finster, und eine sagte: „Ist das alles, was du weißt für das Huhn?“ – „Meine liebe Frau“, antwortete ihr Eulenspiegel, „wenn Ihr Euch kein kräftiges Essen leisten könnt, werdet Ihr aus den Krankheiten nicht herauskommen. Und wenn Ihr Euch keine Ärzte leisten könnt, werdet Ihr daran sterben.“ Das war den Bäuerinnen freilich zuviel, und sie verprügelten den Eulenspiegel mitten im Krankenzimmer. Aber als Eulenspiegel weiterzog, sagte er zu sich: „Besser verprügelt als hungrig.“ Aber die Bäuerinnen von Murthal sagten: „Die Ärzte der Herren sind nicht besser als die Herren“, und das war dem Eulenspiegel recht.

Arbeitsanregungen

Vor der Lektüre

1. *Was wißt ihr über Eulenspiegel, seine Taten und Absichten? Erzählt einen Schwank über den närrischen Gesellen.*

Nach der Lektüre

2. *Schildert das Verhalten Eulenspiegels in dieser Geschichte.*
   - *Beschreibt dabei die Umstände, unter denen die Bauern einerseits und die Grafen andererseits leben.*
   - *Setzt euch besonders mit Eulenspiegels Bemerkungen zur Krankheit der Bäuerin und der Gräfin auseinander.*
3. *Warum hat Eulenspiegel die Bauern und besonders die kranke Bäuerin so schmählich betrogen? Schreibt/Spielt eine Gerichtsszene, in der sich Eulenspiegel verteidigen muß.*
4. *Beim Nachdenken über diese Geschichte meinte ein Schüler: „Aber Eulenspiegel sagt doch einige Wahrheiten!“ Prüft diesen Gedanken am Text. Falls ihr solche Wahrheiten findet, begründet ihre Richtigkeit.*
5. *Denkt einmal über die Erkenntnis der Bäuerinnen von Murthal „Die Ärzte der Herren sind nicht besser als die Herren.“ (S. 9, Z. 15) und Eulenspiegels Reaktion nach. Was wollte Brechts Eulenspiegel bei den armen Leuten erreichen?*
6. *Vergleicht den von Brecht beschriebenen Schelm Eulenspiegel mit dem euch bisher bekannten. Brechts Schelmenkonzept hat eine bestimmte soziale Absicht, die sich deutlich von den ursprünglichen Geschichten des Volksbuches unterscheidet. Kennzeichnet diesen Unterschied.*

1 *Handkäse:* der einfache Sauermilchkäse, den die Bauern selbst zu bereiten pflegten

7. *Brecht hat die Eulenspiegel-Geschichten nach dem Zweiten Weltkrieg geschrieben. Weshalb formte er den Stoff für ein Nachkriegspublikum wohl so um?*
8. *Beschreibt die Brecht-Darstellung der Zeichnerin E. Shaw (S. 7). Wie versteht ihr das Porträt? Man kann hier einen Bezug zum Namen Eulenspiegel herstellen.*

Anna Seghers

Anna Seghers (Pseudonym), als Netty Reiling am 19. 11. 1900 in der Familie eines jüdischen Kunst- und Antiquitätenhändlers in Mainz geboren, studierte Geschichte, Sprachen und Kunstgeschichte. Sie fand mit ihrer ersten Erzählung „Der Aufstand der Fischer von St. Barbara" (1928) frühe literarische Anerkennung; im gleichen Jahr wurde sie Mitglied der KPD.

1933 emigrierte Anna Seghers nach Frankreich, 1941 nach Mexiko. Die engagierte Antifaschistin setzte sich in vielbeachteten Romanen mit dem Kapitalismus und dem Nationalsozialismus auseinander; dabei hoffte sie auf „Die Kraft der Schwachen" (Titel einer Erzählsammlung von 1965) wie auf die weltverändernden Revolutionen („Die Gefährten", 1932; „Der Kopflohn", 1934; „Der Weg durch den Februar", 1935; „Die Rettung", 1937; „Transit", 1944; „Die Toten bleiben jung", 1949). Ein Welterfolg wurde „Das siebte Kreuz" (1942).

1947 kehrte Anna Seghers nach Deutschland zurück. In ihren Romanen „Die Entscheidung" (1959) und „Das Vertrauen" (1968) sowie in vielen Erzählungen – manche auch im karibischen Raum oder im Reich der Phantasie angesiedelt – spiegelte sie den komplizierten Entwicklungsweg der frühen DDR wider.

Die am 1. 6. 1983 verstorbene Anna Seghers, von 1952 bis 1978 Präsidentin des Schriftstellerverbandes der DDR, zählt zu den hochgeehrten und international anerkannten Repräsentanten (seit 1950 im Präsidium des Weltfriedensrates) der DDR-Literatur. Engagiert und diszipliniert vertrat sie politische und kulturpolitische Forderungen ihrer Partei und ihres Staates (auch Aufsätze zur marxistischen Ästhetik), wenn auch manche Erzählungen, Essays und persönliche Zeugnisse ihre Zweifel und Sorgen bezeugen.

Anna Seghers Der Baum des Odysseus

Sogar dieser Tag war zu Ende gegangen. Die toten Freier waren fortgetragen, die Pfeile eingesammelt, das Blut war aufgewaschen. Mann und Frau sitzen zum erstenmal wieder am Feuer beisammen wie in den alten Zeiten. Noch einmal werfen die Götter auf dieses Paar einen letzten schon gleichgültigen Blick. Alles ist ausgespielt worden, um diese Wiedervereinigung zu verhindern, alles, um sie endlich herbeizuführen. Alles Erdenkliche ist geschehen für und gegen die Heimkehr des Mannes. Und das Für hat gesiegt. Da ziehen sich die Götter zurück in ihre ewigen Wohnstätten und überlassen die beiden dem Schicksal.

Wie still das Haus ist. Jetzt verhallt alles in seinem Kopf. Die Musik auf der Hochzeit, als Achilleus[1] gezeugt wurde, der auch schon lange vor Troja starb, der

1 *Achilleus (auch Achilles oder Achill):* der tapferste Grieche in der Schlacht um Troja; unverwundbar, außer an der Ferse (Achillesferse!)

Streit der Göttinnen, die Hörner, die zum Krieg bliesen, die Schlachten vor Troja[1], das Gejammer in den Straßen der eroberten Stadt, der Gesang der Sirenen[2], das Gebrüll des Zyklopen[3], das Gegrunze der verzauberten Kameraden[4], die Saitenspiele der Phäaken[5] und zu alledem in einem fort das bewegte Meer.

Wie schrecklich jetzt die Stille ist. Hat man auch furchtbare Götter gegen sich gehabt, so war man doch immer zusammen in einer Welt mit den Göttern. Jetzt ist alles verstummt. Und der Rauch auf Ithakas[6] heimischen Hügeln ist ein gar blasses Wölkchen. Odysseus wäre nicht, der er ist, wenn er nicht wüßte, was jetzt die Frau denkt: Dieser Mann kann Odysseus sein. Er kann es auch nicht sein. Zehn Jahre Irrfahrten, zehn Jahre Troja, das ist eine lange Trennung. Zwar, die Freier hat er erschlagen. Aber vielleicht ist er nur noch frecher als der frechste Freier. Vielleicht gibt er sich nur als der Herr aus. Vielleicht ist er nur ein Pirat, und sein Boot liegt versteckt in einer der Buchten. Was sagt mir denn mein Herz? – Gar nichts.

Darauf sagte die Frau: „Du wirst müde sein. Ich will dir jetzt dein Bett ans Feuer tragen lassen." Darauf sagte Odysseus: „Dieses Bett wirst du nicht hier aufstellen können. Als ich dich zu lieben begann, als ich um dich freite, damals, als keiner von uns nur ahnte, wo Troja lag, suchte ich auf meiner Insel den Ort, der gut war für mein zukünftiges Haus. Ich fand diesen Platz und rodete. Nur einen einzigen starken Baum ließ ich stehen. Ihn bestimmte ich zum Mittelpunkt meines Hauses. Ich kuppte ihn nur, aber den mächtigen Stumpf ließ ich auf seinen Wurzeln stehen. In diesen Stumpf schnitt ich dann unser Bett. Übrigens weißt du das alles ja selbst."

Arbeitsanregungen

1. *Welche Geschehnisse aus Homers Versepos „Odyssee" bringt Anna Seghers in ihrer Geschichte auf kleinstem Raum unter?*
   - *Beachtet dabei die Worterklärungen.*
   - *Lest auch einmal bei Homer oder in einer Nacherzählung über Odysseus, den tapferen und erfindungsreichen Helden aus der griechischen Sagenwelt, nach.*
2. *Vergleicht Anna Seghers' Darstellung der „Bettprobe" mit dem von Homer überlieferten Text (23. Gesang). Welche Unterschiede erkennt ihr?*
3. *Welche unterschiedlichen Rollen spielen die Ehepartner in den beiden Versionen?*

1 *Schlachten vor Troja:* Die Geschichte basiert auf der „Odyssee", einem Versepos des legendären griechischen Sängers Homer, der den Kampf der Griechen gegen Troja beschreibt.

2 *Gesang der Sirenen:* Sirenen waren mythische Wesen mit Frauenkopf und Vogelleib, deren betörender Gesang vorbeifahrende Seeleute anlockte; die verführten Opfer wurden dann gefressen.

3 *das Gebrüll des Zyklopen:* Der einäugige Zyklop – ein riesenhaftes Fabelwesen – suchte in seiner Höhle den Odysseus zu fangen, um ihn zu fressen.

4 *das Gegrunze der verzauberten Kameraden:* Odysseus geriet mit seinen Gefährten in das Reich der Zauberin Cyrce, die die Männer in Schweine verwandelte.

5 *Phäaken:* sagenhafter Volksstamm, der den Odysseus auf seinen Irrfahrten freundlich aufnahm

6 *Ithaka:* Landschaft in Südgriechenland, Heimat des Odysseus

4. *Warum umfaßt wohl die Einleitung etwa die Hälfte der kleinen Geschichte von Anna Seghers?*
5. *Anna Seghers schrieb die Geschichte 1940 in der französischen Emigration, auf der Flucht. Später bemerkte sie mit Blick auf Krieg und Faschismus (Nationalsozialismus), daß „viele von uns hart wurden in harten Zeiten".*
   a) *Lest ihre Gedanken im Dokumentarteil nach (S. 124, ab Z. 23).*
   b) *Welche Verbindung läßt sich zur Haltung von Penelope herstellen?*
   c) *Auf welche grundsätzlichen Probleme menschlicher Beziehungen in solchen Zeiten (und zu allen Zeiten!) macht sie mit dem knappen Gespräch zwischen Odysseus und Penelope aufmerksam? Beachtet dabei auch das, was im Gespräch verschwiegen wird.*
6. *Welchen Gewinn bringt euch als heutigen Lesern die Lektüre der Geschichte?*

Erwin Strittmatter

Erwin Strittmatter wurde am 14. 8. 1912 in Spremberg als Sohn eines Bäckers und Kleinbauern geboren. Zunächst erlernte er selbst das Bäckerhandwerk, arbeitete dann aber in verschiedenen Berufen.

Der Literatur und dem Schreiben näherte er sich autodidaktisch. Vor Kriegsende aus der Wehrmacht desertiert, wurde er nach 1945 Kleinbauer, trat in die SED ein und wirkte sogar als Bürgermeister. Zugleich war er journalistisch tätig, und 1950 erschien sein autobiographischer Roman „Ochsenkutscher".

Strittmatters Hauptwerke sind die Trilogie „Der Wundertäter" (Teil 1 1957, Teil 2 1973, Teil 3 1980), der Roman „Ole Bienkopp" (1963) über das Leben eines Querkopfs, der sich nicht in Parteidogmen zu schicken vermag und letzlich daran zugrunde geht und die bedeutende dreiteilige Familienchronik aus der Lausitz, „Der Laden" (1983, 1987, 1990). Unter dem Einfluß Brechts arbeitete Strittmatter einige Zeit für das Theater („Katzgraben" 1954, „Die Holländerbraut" 1961). Seine Kinderbücher, z. B. „Tinko" (1954) und „Pony Pedro" (1959), fanden begeisterte Leser.

Der oft eigenwillige und streitbare Schriftsteller Erwin Strittmatter, der sich in immer stärkerem Maße der politischen Vereinnahmung in der DDR entzogen hatte, starb am 31. 1. 1994 auf seinem dörflichen Wohnsitz Schulzenhof. Mit seinen Romanen und Erzählungen gehört er zu den meistgelesenen Autoren im Osten Deutschlands.

Erwin Strittmatter Zwei Männer auf einem Wagen

Der Wandel besteht, der Handel vergeht, und als der Pferdehandel nicht mehr lohnte, kaufte der versessene Pferdehändler Hartkien für das erübrigte Geld eine Obstplantage. Die Arbeit unter den Obstbäumen ging an, aber wenn die zwei Zentner Hartkien den reifen Kirschen zustrebten, krachten Leitersprossen und Äste, und er überließ das Obstpflücken seiner leichteren Frau.

Hartkiens Sache waren zwei, drei Pferde, die er sonntags aus alter Neigung verfeilschte, um neue zu kaufen. Wenn er den Duft eines Pferdes erschnupperte, mußte er hinterher, mußte das Pferd sehn und seinen Besitzer zum Verkauf oder zum Tausch überreden.

Schöne Pferde gingen durch Hartkiens Hände: Rotgemaserte Belgier mit kleinen Hügeln von Hinterteilen, Traber mit trockenen Beinen; Renner mit Funken in den Hufen, waschpulverweiße Schimmel mit blauer Apfelung und Vollblutstuten mit gleitendem Gazellengang und den Blicken arabischer Frauen.

Hartkien war mit seinem Leben unter den Obstbäumen zufrieden, doch das Leben nahm keine Rücksicht auf die Zufriedenheit eines unverbesserlichen Pferdehändlers, es mußte weiter, weiter – unbekannten Zielen zu.

Im Herbst starb Hartkiens Frau, seine billigste Gartenarbeiterin, und er blieb allein zu aller Arbeit, verkaufte zwei Pferde und bot seinen Kindern die Plantage an.

Einer seiner Söhne war Lehrer, der andere Ingenieur, die Töchter lebten mit ihren Männern in der Stadt. Alle wehrten ab: Sie wollten nicht wie die Urmenschen auf Bäumen umherklettern.

Hartkien schloß sich der Gärtnergenossenschaft an. In seinem Stall stand noch ein Pferd, eine Ponystute, die er behalten hatte, weil sie ihm im Laufe der Jahre fünf Fohlen gebracht hatte. Das Pony, eine Schimmelstute, konnte unter Hartkiens ausgestrecktem Arm hindurchlaufen, größer war sie nicht, und sie hatte einen kurzen, zackelnden Schritt. In der Genossenschaft gab's keine Verwendung für das Pferd. Hartkiens Pferdeliebe begann unrentabel zu werden.

Vorbei, vorbei – die schönen Pferdezeiten! Aus mit Kettenklirren und Pferdescharren im Stall! Hartkien verfaßte seufzend ein Inserat für die Kleingärtnerzeitung. Der Text versprach allen Interessenten ein Elitepony.

Ein Sonntagmorgen, ein Morgen im Mai. Hinter Hartkiens Haus wetteiferten Blüten und Düfte, und das Gesumm der sechsbeinigen Stempelbestäuber übertönte den Zehnuhrglockenschlag vom Kirchturm. Ein dürrer Mann, dem zwanzig Zentimeter zu zwei Metern fehlten, betrat Hartkiens Hof. Der Mann hieß Haubenreißer, kam aus dem Mecklenburgischen und schien jener Sekte von Menschen zuzugehören, die sich beim Essen nicht setzen. Bevor er was sagte, wetzte er die Oberlippe, als müßte er die Worte auf einer Pikkolo-Mundharmonika[1] herunterspielen. Er grüßte verhalten, sprach vom Wetter, von Zugverspätungen und sah sich im Vorgarten um. „Stand hier nicht ein Pferd in der Zeitung?" – Ja, hier stand ein Pferd in der Zeitung. Hartkien wurde eifrig und log, Haubenreißer wäre der zehnte Reflektant[2]. Er wollte den Fremden zum Stall führen, doch der Fremde wetzte die Oberlippe: Er wollte das Pferd im Wagen sehen.

Während Hartkien im Stalle die Stute aufschirrte, bespuckte der Fremde den Hof, und während Hartkien den Schimmel einspannte, betrachtete Haubenreißer den brandenburgischen Himmel.

Hartkien legte ein Brett quer über den Wagenkasten, bedeckte es mit einem Sack und lud den Fremden zum Aufsitzen ein. Haubenreißer setzte sich und sah vom

1 *Pikkolo-Mundharmonika:* kleine Mundharmonika
2 *Reflektant:* Bewerber, Interessent

Käuferthron zum ersten Male das Pferd an. Das also sollte die Stute sein, diese gemästete weiße Maus? Viel zu massig, das Ding, am Hals zu massig, in den Hosen[1] zu massig, zu fett in der Brust und am Rücken – überall nutzloses Winterfett.

Vom Stutenrücken stieg Ammoniakgas auf und mischte sich mit Kirschblütenduft. Haubenreißer sperrte den Mund auf und nieste, und Hartkien fuhr im Arbeitstrab an. Der Wagen polterte durch ausgetrocknete Pfützen, und Hartkiens Genick zitterte im Rockkragen. Im Blumentopf seiner Faust steckte der gelbe Peitschenstengel und bog sich im Fahrtwind. Der pendelnde Peitschenriemen bedrohte das Pferd, und die Strangketten klirrten.

Nach fünfzig Metern mäßigte die Stute die Gangart und fiel in einen zockelnden Trab. Sie war zu fett, und Fett macht träg, und Hartkien redete die Trägheit zur Tugend herauf: Bei Ponys käm's auf den Zockeltrab an. Eine Perle von Pony. Unbezahlbar das Pferd!

Haubenreißer starrte die Stute mit Blicken aus der gefiederten Reihe seiner Vorfahren, mit Habichtsblicken, an. Der zockelnde Trab gefiel ihm nicht, er wünschte das Pferd im Schritt gehn zu sehn, aber Hartkien wollte und wollt nicht verstehn. Da griff Haubenreißer selber in die Zügel, entwand Hartkien die Peitsche und warf sie in den Wagenkasten.

Jetzt ging die Stute im Schritt, und Haubenreißer verglich ihn mit dem einer Schimmelstute, die er daheim im Stall stehen hatte. Der Schritt war um zwanzig Zentimeter zu kurz.

Hartkien zerrte an seinem Hosenbund und wünschte sich Blicke, schärfer als Peitschenschläge, um das Pferd mit ihnen anzutreiben.

Die Zeit verrann, und es fielen Kirschblütenblätter in den Wagenkasten. Der Fremde schwieg, der Schritt der Stute wurde ohne Peitschenhilfe immer kürzer, und Hartkien versuchte den Käufer auf andere Weise abzulenken, exakt ausgedrückt, mit Suggestion[2]: Erst müßte die Stute sich lösen, sagte er, und wer was von Pferden verstünde, der wisse das!

Der Fremde schwieg weiter, schwieg bis in die nervöse Oberlippe hinein, und Sonnenstrahlen züngelten durchs Laub, und an den Kirschbäumen sprangen neue Knospen auf, aber für die Pferdehändler hätten statt der Blütenbäume beschneite Rutenbesen in der Feldmark stehen dürfen.

Hartkien ließ die Lederleine auf den fetten Rücken der Stute klatschen, um sie damit anzutreiben, und er sah den Fremden dabei von der Seite an, und der Fremde steckte sich eine Zwanziger-Zigarre an, und er lächelte fein und fragte: „Hat sie sich immer noch nicht gelöst?“

Hartkien spürte den Spott, doch er ließ ihn an seinen fleischigen Ohrlappen abrinnen, und er war sich fast sicher, daß er es mit einem Pferdemann zu tun hatte, aber er wollte es genau wissen und versuchte es mit einer neuen Flunkerei: Die Stute

1 *Hosen:* hier: Hinterteil des Pferdes

2 *Suggestion:* Willensübertragung, psychische Beeinflussung

wäre rossig[1], sie buckele, zöge sich zusammen, sagte er, und wer was von Pferden verstünde, müsse das selber sehen!

Ein gesprenkelter Star strämmte seinen schillernden Kehlsack und pfiff, und der Wagen zerfuhr zwei Weinbergschnecken, und der Fremde schwieg. Er arbeitete an seiner Zukunft: Er sah sich mit einem weißen Zylinderhut auf dem Bock einer weißen Hochzeitskutsche sitzen. Die Kutsche besaß er noch nicht, aber sie würde schon kommen, wenn er diesen Schimmel hier als Zweitpferd und Passer[2] sein eigen nennen würde. Er würde in seinem Heimatstädtchen Osterberg hochfeine Berliner Moden einführen: Haubenreißer mit zwei Schimmeln fährt dich in den Ehehimmel. Haubenreißer wird die Leute, die was von Vornehmheit verstehen, zur Trauung fahren, als wären sie holländische Königskinder. An die Peitsche wird er eine weiße, raschelnde Schleife binden, und die Schleife wird die Stute scheuchen. Wenn die Stute trotz der Schleife nicht traben sollte, wird er sie mit Gewinn verkaufen; denn sie ist gut in Futter und macht etwas her; es kommt nur drauf an, daß er sie billig zu kaufen kriegt, und das will er.

Weiße Wolken marschierten im Blau, und die Sonne posaunte, und Haubenreißer ließ Hartkien halten. Er stieg vom Wagen, war steif in den Gliedern, sah der Stute ins rosige Maul, hob den zerzausten Stutenschwanz an, bückte sich und schien wie durch ein Fernrohr durch die Stute hindurchzusehen und fragte: „Wo ist die rossig?" und stieg wieder auf.

Da wußte Hartkien, daß er es mit einem *Ausgewalkten*[3] zu tun hatte, bereitete sich auf ein Duell vor und erhöhte den Stutenpreis in Gedanken um zweihundert Mark. Er duzte den Fremden jetzt zunftgebräuchlich: „Hör mal her!" und „Ganz unter Brüdern", und er verlangte dreitausend Mark.

Haubenreißer saß fakirstarr[4], sah in die Ferne, lauschte, ob noch was kommen würde, doch als Hartkien nichts mehr sagte, steckte er seinen Zeigefinger ins Ohr. „Hab ich dreitausend gehört?"

Die Lerchen trillerten, die Kirchenuhr schlug, und ein Bach kreuzte den Weg. Hartkien hielt auf der Brücke an und sagte, er würde ins Wasser springen, wenn ihn die Stute nicht selber dreitausend Mark gekostet hätte, und er gäbe sie nur zum Selbstkostenpreis ab, weil er auch die Gärtnerei habe weggeben müssen, aber er sprang nicht ins Wasser.

Ein hockender Dicker und ein steiler Dürrer spiegelten sich im zitternden Bachwasser, und das Wasser floß, und das Spiegelbild stand. Zwei der letzten Landpferdehändler auf einem Wagen und ein Stütchen, das sie im trägen Schritt mit sich fortzog. Ein Hecht schnellte aus dem Wasser und tauchte wieder. Die Pferdehändler sahen ihn nicht, und sie hätten ihn auch nicht gesehen, wenn er ein Seehund gewesen wäre.

1 *rossig:* paarungsbereit
2 *Passer:* hier: zu einem Gespann gehörendes Pferd
3 *ausgewalkt:* gerissen, listig, clever
4 *fakirstarr:* starr wie ein Fakir, einer jener gläubig-rituellen Körperbeherrscher, die durch Training weder Hunger noch Schmerz empfinden

Hinter der Brücke begann eine Straße aus runden Pflastersteinen. Die Männer wurden geschüttelt, und auch der Stutenpreis schüttelte sich zusammen. Er betrug jetzt zweitausend Mark. Hartkien sagte es seufzend, und er gäbe die Stute unter Selbstkostenpreis ab, weil er wüßte, daß sie es bei dem Fremden gut haben würde. Er hielt Haubenreißer die Hand zum Einschlagen hin, aber Haubenreißer sah auf die fleischige Hand und sagte, in so eine Wuchererhand würde er am liebsten hineinspucken.

Hartkien hörte nicht drauf, was der Dürre sagte; er hatte mit dessen Einverständnis noch nicht gerechnet. Er sah sich sonntags daheim in der Stube vor einem Fernsehgerät sitzen: Fuchsjagd[1] im Fernsehn, Reiten im Fernsehn, Turnier- und Dressurreiten – Hartkien würd's mit den Augen betreiben, wenn er kein Pferd mehr hätte, aber der Fernsehapparat war noch nicht da, den wollte er an der Stute verdienen, aber der Handel ging zu langsam vorwärts. Nie hatte es ihn soviel Zeit gekostet, ein Pferd zu verschachern.

Er wurde wehmütig, wenn er an die Zeit dachte. Was kam, wenn seine Zeit verbraucht sein würde? Die Ewigkeit? Hartkien stellte sie sich wie einen großen Kessel vor, aus dem sich der Mensch eine Kelle voll Zeit schöpfte, bevor er auf die Erdenreise ging. Die Frage war für Hartkien, ob ihm je wieder erlaubt werden würde, aus diesem Kessel zu schöpfen. Was war ihm, dem alten Pferdehändler, eingefallen, als er sich verleiten ließ, sich mit diesem ausgepichten[2] Käufer auf einen Wagen zu setzen, um ihn spazierenzufahren? Weshalb handelte er nicht daheim auf dem Hofe, zu ebener Erde? Da konnte man den Käufer, wenn einem nicht paßte, was er bot, stehenlassen und um die Ecke gehn, um von dort aus zu schielen, was der für ein Gesicht machen würde.

Rechts und links der Straße waren tiefe Gräben. Es stand kein Wasser in ihnen, und das Gras an ihren Rändern war weich, und der Maiwind strich drüber hin, und das Gras zitterte. Unter den Rädern waren immer noch Steine, graue, blaue und gesprenkelte Steine, und Hartkien schien's, als ob sie immer buckeliger würden, und die buckeligen Steine brachten ihn auf einen Einfall: Er rieb sich den Bauch, er beschimpfte die holperige Urahnenstraße, und er sagte, sein Herz hielte das nicht aus. Er rieb sich die Brust, und er hielt das Pferd an und tat, als ob ihm schlecht würde. Er beugte sich vor und ließ sich geduckt vom Wagen gleiten, aber in diesem Augenblick zog die Stute an und zerrte zum Grabengras hin. Die Gesetze der Physik griffen ein, und die zwei Zentner Hartkien gerieten in Schwung, der Graben lag lauernd am Wege, und Hartkien überschlug sich zweimal. Er kam in ein Kleefeld zu liegen, und die Zitronenfalter fluckten beleidigt davon, und Hartkien verdrehte die Augen, als sähe er die Hölle. Aber selbst der Anblick der Hölle machte den eingefleischten Händler nicht vergessen, worum es ging: „Tausendneunhundert!“ stöhnte er.

Haubenreißer, der mit der Hochzeitskutsche unterwegs gewesen war, als Hartkien vom Wagen rollte, brachte das Pferd zum Stehen, sprang in den Graben. Er riß

1 *Fuchsjagd:* hier: sportlicher Wettkampf von Reitern
2 *ausgepicht:* gerissen, listig, clever

dem Dicken die Weste auf, daß die Perlmuttknöpfe in den Klee sprangen, und massierte ihm die Brust. Hartkien schloß die Augen und ächzte: „Tausendachthundert, weil du es bist!“ Haubenreißer massierte und sagte: „Tausenddreihundert und keinen Pfennig!“

Hartkien wurde es schwarz vor den Augen, aber er war gleich wieder da und rechnete: Tausenddreihundert – da würde sein Profit an der Stute nur für ein altes Fernsehgerät reichen. „Gauner!“ schrie er, und Haubenreißer hörte beleidigt auf zu massieren. Jetzt wurde es ganz dunkel um Hartkien. Er riß die Augen auf, und es blieb dunkel. Angst packte ihn: Die Ewigkeit war kein Kessel, sie war ein Loch. Er mußte viel Kraft dransetzen, nicht in dieses Loch zu stürzen, bis ihm, Gott sei Dank, der Handel einfiel. Er mußte handeln, das war es, und er schrie: „Tausendfünfhundert!“ und spuckte aus. Er spuckte die Angst aus, doch die Angst vermehrte sich in ihm. Nahm der Tod übel, daß er ihn hatte für ein Spielchen mißbrauchen wollen, um den Handel zu fördern? Hartkien streckte Haubenreißer die Hand hin, er fühlte sich so allein in der Finsternis.

Haubenreißer wollte die Hand nicht ergreifen. „Lieg still!“ Aber dann sah Haubenreißer, wie die Hand zitterte und nach einem Widerdruck gierte, und er ergriff sie. Die Hand war kalt, und es war Schweiß auf ihrem Rücken, und Haubenreißer bekam Furcht und rannte um Hilfe ins Dorf. Er polterte über die Bachbrücke, und das Wasser bekam keine Zeit, den rennenden Pferdehändler zu spiegeln, aber als Haubenreißer die Brücke hinter sich hatte, hörte er’s gräßlich verzerrt wie aus dem Jenseits rufen „Tausendfünfhundert – Handschlag – gekauft!“

Haubenreißer war wütend, daß er beim Pferdehandel noch etwas hatte lernen müssen. Er pflasterte den Rückweg mit Flüchen, und als er sich Hartkien näherte, beschimpfte er ihn mit Wörtern, die in keinem Lexikon stehen.

Hartkien rührte sich nicht, und Haubenreißer setzt sich auf den Wagen. Die Stute scharrte, es summte im Klee, und die Zeit verging.

Haubenreißer hatte genug von dem Schauspiel. „Mach deine Faxen, mit wem du willst!“ Er griff in die Zügel. Die Stute zog an und war flink wie den ganzen Morgen nicht. In der Ferne wieherte ein Pferd. Die Stute wieherte zurück. Kein Muskel zuckte in Hartkiens Gesicht. Haubenreißer wurde unsicher, hielt an und pflückte eine Honiggrasrispe. Er hielt Hartkien die Rispe unter die Nase. Kein Knötchen bewegte sich. Haubenreißer war’s, als führe ein eisiger Wind durchs Gras, aber es war nur das Summen der Bienen im Klee. Er nahm seinen Hut ab. Sein Haar schimmerte silbergrau in der Sonne. Bevor er nach der Sitte den Kopf senkte, sah er sich um. Es war niemand in der Nähe, auf den die Ehrerbietung vor dem Tode hätte Eindruck machen können. Er warf den Hut auf die Erde und trampelte drauf.

Am Begräbnistage ging Haubenreißer, einigermaßen gebeugt, hinter dem Sarg her. Von Zeit zu Zeit verwandelte sich der schwarze Leichenwagen für ihn in eine weiße Hochzeitskutsche. Er mußte achtgeben, daß er sich nicht straffte und den Kopf stolz hob, als ob er bereits auf dem Kutschbock säße und unsichtbare Kinder zum Standesamt führe. Erst als der Grabhügel aufgeworfen wurde, war er sich seiner Stute sicher.

Er mischte sich unter die Erben. Die Kinder befragten ihn, wie es mit dem Vater zu Ende gegangen wäre. Haubenreißer gab zögernd Auskunft: Ein Ehrenmann wäre der Vater gewesen, ein Mann, der zu seinem Wort gestanden habe.

Die Kinder nickten nicht, wie es sich gehört hätte, doch sie schüttelten auch nicht die Köpfe. Der älteste Sohn, der Lehrer, fragte, so, als ob er es aufschreiben wollte: „Bitte genauer! Sein letztes Wort?"

Haubenreißer, gekrümmt vor Trauer: „Sein letztes Wort galt der Stute – leider."

„Ach ja, die Stute, freilich, die Stute!" Die Kinder nickten einander beziehungsvoll zu. „Die Stute – was war da sein letzter Wille?"

Haubenreißer wand und wand sich, sagte, als ob es ihm peinlich wäre: „Eintausend Mark – war sein letztes Wort."

Die Stute war das einzige Weiß zwischen den schwarzverkleideten Menschen, als Haubenreißer sie zum Tor hinausführte, und die Trauergäste sahen ihr nach, bis ihr Schweif wie eine Fahne, die jemand einzieht, zwischen den Bäumen verschwand.

Arbeitsanregungen

1. *Lest die Einleitung bis „Vorbei, vorbei die schönen Pferdezeiten!" (S. 13, Z. 21). Tragt zusammen, was über den alten Hartkien gesagt wird. Beachtet dabei, wie die Zeit in sein Leben eingegriffen hat.*
2. *Warum hat Strittmatter die einführende Vorstellung Hartkiens recht ausführlich gestaltet?*
   (Beantwortet die Frage zum Abschluß der Unterrichtseinheit noch einmal.)
3. *Studiert aufmerksam die Verhandlungstaktiken der beiden Pferdehändler. Macht euch in einer Skizze Notizen über ihr trickreiches Vorgehen bis zu dem Augenblick, als Hartkien Unwohlsein vortäuscht („Er rieb sich den Bauch, ..." S. 16, Z. 29).*

Hartkien	*Haubenreißer*
– *Inserat verspricht Elitepony* – *lügt, daß Haubenreißer bereits der zehnte Interessent sei*	– *beginnt nicht gleich mit seinem Kaufwunsch* – *usw.*

4. Gruppenarbeit
   Schreibt einen inneren Monolog der beiden Kontrahenten, bei dem jeder die listigen Attacken des anderen durchdenkt und dann seinen „Gegenzug" entwickelt. Spielt danach das Gespräch der beiden; dabei werden die Monologe als dritte Stimme im Hintergrund verlesen.
5. *Strittmatter hat für seine Geschichte die auktoriale Erzählperspektive gewählt. Er läßt uns also teilhaben an den nicht ausgesprochenen Wünschen, die die beiden Männer mit dem Verkauf bzw. Kauf des Ponys verbinden. Sucht die betreffenden Textstellen heraus, und bewertet die Zukunftsvisionen der beiden.*
6. *Beobachtet und schildert Haubenreißers wechselnde Gefühle unmittelbar vor, während und nach dem Handelsabschluß.*

7. *Kommentiert das Auftreten Haubenreißers bei der Beerdigung Hartkiens, besonders seine Version des „letzten Wortes" des Verstorbenen.*
8. *Strittmatter gilt als sehr sprachschöpferischer Dichter. Sucht Textstellen heraus, die euch durch die sprachliche Gestaltung auffallen.*
   - *doppeldeutige Wendungen: „Der Wandel besteht, der Handel vergeht". (S. 12, Z. 1)*
   - *ironische Kommentierung: „Wenn die zwei Zentner Hartkiens den reifen Kirschen zustreben ..." (S. 12, Z. 3/4)*
   - *doppelter Gebrauch und Umkehrung von Wörtern: „Hartkien war mit seinem Leben unter den Obstbäumen zufrieden, doch das Leben nahm keine Rücksicht auf die Zufriedenheit." (S. 13, Z. 7/8)*
   - *Wortneuschöpfungen (Neologismen): die Schimmelstute hatte „einen zokkelnden Trab" (S. 14, Z.10/11)*
   - *Metaphern: „Hinter Hartkiens Haus wetteiferten Blüten und Düfte ..." (S. 13, Z. 24/25)*
9. *Erwin Strittmatter zog sich 1957 aus der Bewegtheit Berlins aufs Land, in das brandenburgische Dorf Schulzenhof (Kreis Gransee) zurück. Intensiv erlebte er die ihn umgebende Natur; der Umgang mit Tieren gehörte zu seinem Tagesablauf. Sucht im Text solche Stellen, in denen sich der Schriftsteller als Pferdefachmann erweist. Versucht, die beschriebenen Sachverhalte zu erläutern.*
10. *Ihr habt eine Geschichte gelesen, die bis zum Grabe führt und die trotzdem als heiter empfunden wird. Wie erreicht der Autor das?*

Stephan Hermlin

Stephan Hermlin (d.i. Rudolf Leder) wurde am 13.4.1914 in Chemnitz in einer hochgebildeten jüdischen Unternehmerfamilie geboren. Er trat früh der kommunistischen Jugendbewegung bei, lebte als Druckereiarbeiter einige Jahre illegal in Nazideutschland und konnte dann ins Ausland entkommen. Seine Emigration führte ihn nach Ägypten, Palästina, England, Frankreich, Spanien.

Hermlins Lyrik ist zunächst durch die Dichtung der französischen Moderne geprägt (Mallarmé bis Eluard).

Nach 1945 anfangs bei westdeutschen Medien tätig, ging er 1947 in den östlichen deutschen Staat. Hier lebte er als Lyriker und war in verschiedenen kulturpolitischen Funktionen tätig. Der in der DDR mit hohen Preisen Geehrte zog sich den politischen Unwillen der Staatsspitze durch seinen Protest gegen die Ausbürgerung des Liedersängers Wolf Biermann (1976) zu. Seine ihm in Ost wie West zugewachsene Autorität nutzte er zur Organisation zweier „Friedenskongresse deutscher Schriftsteller" (1981/83). Unter seinen Lyriksammlungen sind besonders bekannt „Zwölf Balladen von den großen Städten" (1945), „Die Straßen der Furcht" (1946) und „Zweiundzwanzig Balladen" (1947). Daneben schrieb er Essays, ein Hörspiel und Prosaarbeiten, z.B. „Abendlicht" (1979), „Der Leutnant Yorck von Wartenburg" (1946), „Bestimmungsorte" (1946).

Seine Hauptthemen waren der Widerstand gegen den Nationalsozialismus und die Kritik am Neonazismus. Hermlin lebt in Berlin.

Stephan Hermlin In einer dunklen Welt

Ich lernte Hermann R. im Sommer des Jahres 1933 kennen. Der Mann, der uns zusammengebracht hatte, war gleich gegangen. Es war noch ganz hell draußen, durch das offene Fenster kam ein Wind. Wir hatten uns, jeder mit seinem Bierglas, an einen Tisch unter dem Radioapparat mit seiner Marschmusik gesetzt. In der kleinen Friedenauer Kneipe[1] gab es zu dieser frühen Abendstunde keine weiteren Gäste. Träge spülte der Wirt hinter der Theke seine Gläser. Zwischen ihm und unserem Gespräche hob sich die dröhnende Wand des Hohenfriedberger[2]. Unbekannte Leute, irgendwo, hatten Hermann R. zu mir geschickt und zu der illegalen Gruppe, die ich leitete. Er war der neue Instrukteur.

Wir trafen uns von da an öfter, eigentlich jede Woche. Manchmal verschwand Hermann für einige Zeit. Ich vermutete ihn auf schwierigen, kühnen Unternehmungen. Ungeduldig wartete ich auf die Postkarte mit dem vereinbarten Text, aus dem ich herauslesen konnte, wann und wo er mich sprechen wollte – am Zoo[3], in der Potsdamer Straße[3] oder am Alexanderplatz[3]. Ein-, zweimal erwähnte er im Gespräch Amsterdam, Paris, Städte, die ich damals nicht kannte und deren Namen mir phantastisch ins Ohr klangen. Ich stellte, wie es bei uns üblich war, niemals Fragen, die seine Person, seine Tätigkeit, seine Reisen betrafen. War mir irgendein Ereignis, eine Situation nicht klar, so überlegte er einen Augenblick lang. Während er seinen schönen dunkelhaarigen Kopf zu Seite neigte, schien sein Blick zerstreut zu werden, aber nur, weil er sich auf etwas Wunderbares, Entlegenes konzentrierte, das er allein zu sehen vermochte. Er trug seine Erklärungen mit leiser, eilender, dann wieder zögernder Stimme vor, Erklärungen, die etwas Unfehlbares und Schlüssiges hatten, weil sie eine Menge überraschender, mir unbekannter Tatsachen zu einer Beweiskette verbanden. Ich liebte und bewunderte Hermann R., der nur ein paar Jahre älter und dabei soviel reifer, kühler, wissender war als ich.

Meist sahen wir uns nur wenige Minuten. Die Konspiration[4] hat ihre Regeln, und Hermann hatte selten Zeit. „Also, mach's gut …“, sagte er, kniff seine dunklen Augen spaßhaft zusammen und war schon auf seinem Rad auf und davon. Manchmal dauerte unsere Begegnung nur einen Augenblick, nämlich dann, wenn Hermann mir Material für meine Gruppe brachte, ein paar Flugblätter oder auf ganz dünnes Papier gedruckte Zeitungen oder andere Schriften, die als Reclam-Hefte getarnt waren. Einmal war ein neues, im Ausland erschienenes Buch von Heinrich Mann[5] dabei. Wir trafen uns dann, auf die Minute genau, in einem Schöneberger Park[3] oder auf einer

1 *Friedenauer Kneipe:* Friedenau – Ortsteil von Berlin
2 *Hohenfriedberger:* berühmter preußischer Militärmarsch
3 *Zoo, Potsdamer Straße, Alexanderplatz, Schöneberg:* Örtlichkeiten in Berlin
4 *Konspiration:* geheime Verschwörung, Untergrundtätigkeit
5 *Heinrich Mann (1871 – 1950):* international geachteter deutscher Schriftsteller, seit 1933 in der Emigration; im nationalsozialistischen Deutschland verboten

Bank im Tiergarten[1]. Jeder von uns hatte sein Rad und eine Mappe bei sich. Die meine war leer. Wir wechselten unauffällig die Mappen und gingen auseinander.

Manchmal hatte Hermann Zeit. Dann machten wir unendliche Spaziergänge durch das nächtliche Berlin, die Räder neben uns herschiebend, von Steglitz[1] bis zum Kurfürstendamm[1] und von da wieder die Charlottenburger Chaussee[1] entlang bis zum Lustgarten[1] und noch weiter in den Berliner Norden[1] hinauf. Wir redeten und redeten. Es störte mich nicht, daß ich von Hermann nichts wußte, nichts von seiner Vergangenheit, nicht, wo er wohnte, daß ich nicht einmal wußte, ob der Name, mit dem ich ihn anredete, sein wirklicher Name war. Am meisten sprachen wir natürlich über Politik, von den Kriegsvorbereitungen der Nazis, den Februarkämpfen in Paris und Wien[2], den Verhaftungen, von der unvermeidlich kommenden Revolution. Wir diskutierten über Bücher, Konzerte, Ausstellungen, Boxkämpfe.

Manchmal redeten wir auch über Mädchen. Hermann kannte meine Freundin, die in meiner Gruppe arbeitete. Ich wußte nicht, ob er an jemand hing; er sprach von Mädchen ohne Scheu, aber auch ohne prahlerische Andeutungen, die junge Leute manchmal lieben und die mich immer abstießen. Zwei- oder dreimal erwähnte er eine jüngere Schwester in einem Ton naiver Bewunderung. „Das ist ein Mädel!“ sagte er und zog die Brauen hoch. Einmal fügte er, mit einem scherzhaften Seitenblick auf mich, hinzu: „Eigentlich würdet ihr gut zueinander passen ...“ Ich war verlegen, denn seine Stimme hatte ernst geklungen. „Seht ihr euch eigentlich ähnlich?“ fragte ich, nur um etwas zu sagen. „Ich weiß nicht, ich glaube ja ...“, antwortete er. Aber da wechselten wir schon das Thema.

Wir waren junge Leute, die ihre Zeit ernster sahen als die meisten ihrer Altersgenossen, die diese Zeit verändern wollten und liebten und die nicht wußten, was auf sie zukam: Verwirrung, schreiende Schmerzen, Enttäuschung und Tod. Wir kämpften, so gut wir konnten, aber wir wußten noch lange nicht, mit wem wir es aufgenommen hatten.

Ich erfuhr von Hermanns Verhaftung im Spätherbst 1935, ein halbes Jahr, bevor ich ins Ausland ging. Keiner wußte etwas von den Umständen der Verhaftung. Offenbar ein Spitzel. Man wußte nicht genau, wo Hermann saß; wahrscheinlich in der Prinz-Albrecht-Straße[3]. Es gab übrigens in unserem Kreis keine weiteren Verhaftungen. Hermann hatte keine Namen genannt, soviel war sicher. Wir hatten es nicht anders erwartet.

In den folgenden Jahren hörte ich manchmal im Traum seine abwechselnd hastende und zögernde Stimme, sah ihn manchmal vor mir in irgendwelchen Ländern, irgendwelchen Städten, unter Fliegerbomben, in der Baracke eines Lagers. Sein Ge-

1 *Tiergarten, Steglitz, Kurfürstendamm, Charlottenburg, Lustgarten, Berliner Norden:* Örtlichkeiten in Berlin

2 *Februarkämpfe in Paris und Wien:* Arbeiterunruhen und -aufstände unter dem Druck der wachsenden faschistischen Gefahr in Europa 1934

3 *Prinz-Albrecht-Straße:* berüchtigte Haftanstalt der Geheimen Staatspolizei (Gestapo) in Berlin; benannt nach der Straße, in der sie sich befand

sicht wurde immer undeutlicher, es war aber für mich immer als das seine kenntlich. Es war spitzbübisch, nachdenklich oder einfach zerquält und tot.

Kurze Zeit nach dem Ende des Krieges und meiner Rückkehr besuchte ich im zerschlagenen Berlin eine Ausstellung von Dokumenten und Bildern aus dem deutschen Widerstandskampf. An einer Wand sah ich plötzlich Hermann R.s Gesicht. Es tauchte gleichzeitig aus dem Nebel der vergrößerten Fotografie und aus dem meines eigenen Gedächtnisses. Eine kurze Notiz unter dem Bild besagte, daß Hermann R. 1940 im Steinbruch von Buchenwald[1] erschossen worden war. Schon damals stand für mich fest, daß ich über ihn etwas schreiben, dieses Lächeln auf der verwischten Fotografie davor bewahren würde, ganz zu vergehen. Wie viele von denen, die ihn gekannt hatten, waren noch übrig ... Wie viele von den Übriggebliebenen dachten noch seiner ... Ich hatte ihn gekannt, wenn auch nur eine kurze Zeit lang; es war meine Aufgabe, davon zu berichten. Wie das geschehen sollte, war mir nicht klar. Die Sache drängte nicht, blieb aber im Hintergrund deutlich sichtbar stehen und brachte sich von Zeit zu Zeit in Erinnerung. Ich hatte, während ich nach dem Schicksal anderer Freunde forschte, mich auch nach Hermann erkundigt, mit wenig Glück übrigens. Was mir von aus dem Lager Geretteten zugetragen wurde – es waren zwei oder drei, die sich seiner entsannen –, blieb schattenhaft.

Der Fall begann dringlicher zu werden, als ich ein paar Jahre später ein kleines Buch über Leute meiner Generation schreiben wollte, die gegen Hitler gekämpft hatten und untergegangen waren. Ich hatte mir damals den Plutarch[2] vorgenommen, las zum erstenmal wieder seit meiner Schulzeit Livius[2] und Sueton[2]. Mir stand etwas vor Augen, das der Prosa dieser Historiker nacheifern sollte; sie hatten um der Größe des Gegenstandes willen auf falsches Pathos und unziemliche Weitschweifigkeit verzichtet. Ich stellte eine Liste von Namen auf, unter denen sich auch der Hermanns befand.

Ich wollte herausfinden, ob noch einige seiner Angehörigen erreichbar seien. Meine Nachforschungen ergaben, daß seine Mutter noch während des Krieges in Berlin gestorben war; seine Schwester, jene Schwester, von der er mir zuweilen so rühmend und verheißungsvoll gesprochen hatte, befand sich im Ausland; sie war erst vor zwei Jahren als Frau eines britischen Offiziers aus Berlin nach London verzogen. Sie war jetzt eine Mrs. Young; ihre Adresse hatte ich erhalten.

Ich erläuterte mein Anliegen in einem ziemlich ausführlichen Brief. Das Bild, so schrieb ich, das ich von Hermann zu geben beabsichtige, müsse Relief[3] erhalten; ich benötige manches, was Hermanns Kindheit und Jugend, den ganzen Abschnitt seines Lebens beträfe, der vor unserem Zusammentreffen gelegen hatte. Ich bäte darum,

1 *Buchenwald:* Konzentrationslager bei Weimar, in dem von 1937 bis 1945 Gegner des Nationalsozialismus, Kriegsgefangene, Juden und auch Kriminelle zu Zwangsarbeit angehalten und gequält wurden (über 56 000 Opfer)

2 *Plutarch, Livius, Sueton:* antike historische Schriftsteller, die auch Biographien verfaßten

3 *Relief:* hier: klarer Umriß; Darstellung wichtiger Bedingungen und Ereignisse aus dem Leben Hermanns

Einsicht nehmen zu dürfen in Briefe und Dokumente, falls solche erhalten geblieben seien. Mein Name, so hoffe ich, sei ihr nicht unbekannt dank der Freundschaft, die mir ihr Bruder entgegengebracht hatte. „Diese Freundschaft", schloß ich, „rechtfertigt sicherlich die Erwartung, daß Sie meinen Plan unterstützen werden."

Die Antwort blieb nicht lange aus. Mein Name, hieß es da, sei der Briefschreiberin hier und da begegnet, sie entsinne sich noch gut der Wärme, mit der ihr Bruder von mir gesprochen hatte, jedoch gebe sie die vorhandenen Andenken ungern aus den Händen, das Anfertigen von Kopien sei beschwerlich, kurz, sie hielte es für das beste, wenn man einmal in London über die Angelegenheit reden würde, zumal für sie in absehbarer Zeit eine Reise nach Berlin nicht in Betracht käme. Unüberhörbar klang aus dem Brief Bedenklichkeit. Ich werde es nicht leicht haben, dachte ich.

Es ergab sich, daß ich ein Vierteljahr darauf aus verschiedenen Gründen nach London fahren mußte. Ich kündigte meinen Besuch Mrs. Young rechtzeitig an. Seit den letzten Vorkriegsjahren war ich nicht mehr in dieser Stadt gewesen, an die mich manches band, die mir von mehreren Besuchen her wohl bekannt, aber doch unvertraut war, eine räumlich entfernte Verwandte, die man als Kind scheu und beklommen liebt.

Ich fuhr vom Bahnhof in ein kleines Hotel in Kensington[1]. Die Sache, die der eigentliche Anlaß meiner Reise gewesen war, hatte ich bald hinter mich gebracht. Am nächsten Morgen rief ich Mrs. Young an.

„Ich bin es selbst", sagte eine Stimme. „Sie wünschen?" Ich schwieg verblüfft, und die Stimme fuhr fort: „Verzeihen Sie, natürlich, ich weiß, wer Sie sind, was Sie wünschen. Ich habe oft über Ihren Brief nachgedacht."

„Vielleicht könnten wir ..." , sagte ich, aber die Stimme unterbrach mich.

„Hermann hat mir oft von Ihnen erzählt", sagte sie langsam. „Oder vielmehr, gar nicht so oft, denn ich sah ihn nur noch selten, meine Mutter und ich, wir sahen ihn nur noch selten und wußten gar nicht recht, was er eigentlich trieb. Ihren Namen nannte er übrigens nie, aber er sprach von einem bestimmten Freund, und als Sie schrieben, begriff ich, daß Sie dieser Freund waren."

„Ja", sagte ich, „ich war war dieser Freund."

Ihre Stimme überhastete sich manchmal, manchmal zögerte sie. Nach einer Weile merkte ich, daß ich jedesmal, wenn sie sprach, den Atem anhielt, um dieser Stimme nachzulauschen, um eine andere Stimme in ihr zu finden, die natürlich tiefer und sicherer gewesen war und einmal gesagt hatte: „Eigentlich würdet ihr gut zueinander passen ..."

„Ich möchte", sagte ich, „sehr gern mit Ihnen über Hermann reden."

„Mein Gott", sagte sie, „wie lange das her ist. Hermann, du lieber Gott. Mein großer Bruder, der sich über uns auch nicht gerade den Kopf zerbrach. Er wollte lieber die Welt verändern. Und dann geschah das Unglück, das man ja hatte voraussehen können."

1 *Kensington:* Londoner Stadtteil (alle weiteren Ortbezeichnungen beziehen sich auf London)

„Er hat“, sagte ich, „auch an Sie gedacht. Gerade an Sie hat er gedacht. Er ...“

„Ich weiß, was Sie meinen“, sagte die Stimme. „Man hat ja seither eine Menge Dinge erfahren, die man damals nicht wußte.“

„Vielleicht könnten wir uns sehen, Mrs. Young“, sagte ich jetzt. „Ich wäre froh, wenn ich einmal zu Ihnen kommen dürfte.“

Im Hörer rauschte es. „Das geht jetzt leider nicht“, sagte die Stimme nach einer Weile. „Ich bin den ganzen Tag beschäftigt.“

„Vielleicht paßt es Ihnen morgen besser“, sagte ich. „Oder übermorgen.“

„Aber Sie sind ja hartnäckig, mein Lieber“, sagte die Stimme mit spöttischer Verwunderung. Ich fühlte, daß ich erbebte, denn es war Hermanns Stimme, die eben vernehmbar gewesen war, aber auch die Stimme einer Frau, seiner Schwester, die ihm vielleicht ähnlich sah, die er vor mir gepriesen, vor seinem inneren Auge neben mir erblickt hatte. „Warum diese Eile? Warum überhaupt all diese Dinge wieder ans Tageslicht bringen? Die Toten soll man ruhen lassen. Wir haben damals alle genug durchgemacht.“

„Ich komme zu Ihnen, wann Sie wollen“, sagte ich erbittert, „morgen oder übermorgen oder später. Mein Visum ist für zwei Wochen gültig.“

„Ich sehe, daß man Sie nicht so leicht los wird.“ Die Stimme versuchte heiter zu klingen, aber ich hörte nur den Ärger in ihr. „Hören Sie zu. Bei mir zu Hause geht es nicht. Treffen wir uns lieber in der Stadt. Heute abend um acht.“ Sie nannte mir ein Restaurant in Soho, das ich kannte.

„Ich werde um acht dort sein“, sagte ich. „Sie werden mich finden. Auf meinem Tisch wird die ‚Financial Times‘ liegen. Ich vermute, die Leute werden in dieses Lokal nicht ausgerechnet mit der ‚Financial Times‘ kommen.“

Sie lachte kurz und hängte ab.

Ich vertrieb mir die Zeit so gut es ging, ließ mich von meinem Freund D. in den Saville-Club einladen, ging langsam durch Albany, um wieder einmal zu sehen, wer dort wann gewohnt hatte, las im Hyde Park eine Menge Zeitungen und fand mich zehn Minuten vor acht in dem Restaurant ein, das ziemlich voll war. Dem Kellner sagte ich, daß ich eine Dame erwarte. Ich trank einen Campari und behielt die Tür im Auge. Es war beinahe halb neun, als der Kellner an meinen Tisch trat und sagte, er irre sich wohl nicht, ich müsse es gewiß sein, den eine Dame am Telefon erwarte, bitte, hier entlang, dort drüben sei die Kabine.

„Es ist mir wirklich unangenehm“, sagte die Stimme „Aber ich fürchte, ich werde nicht kommen können.“

„Ich warte gern eine Weile“, antwortete ich.

„Ich habe es mir überlegt“, sagte sie. „Ich möchte nicht kommen. Ich ertrage Aufregungen nicht. Überhaupt, es ist so lange her, was soll das Ganze ...“

„Ich schulde es ihm“, sagte ich, „verstehen Sie das nicht?“

„Ich verstehe Sie durchaus“, sagte die Stimme. „Aber ich zweifle, ob Sie mich verstehen. Mein Leben hat sich geändert, es ist überhaupt jetzt alles anders, ich bin froh, daß es so ist. Wenn Sie über Hermann schreiben, und Ihr Buch erscheint da drüben, könnte mir das sogar noch Unannehmlichkeiten einbringen." Die Stimme hatte jetzt überhaupt keine Ähnlichkeit mehr mit irgendeiner anderen. Sie kam aus einer eisigen Ferne. Sie brach plötzlich ab.

„Ich glaube", sagte ich, „Sie machen sich ganz unnötige Sorgen. Wer soll Sie denn mit einem gewissen Hermann R. in Verbindung bringen, wenn Sie es nun einmal so nicht haben wollen?"

„Es gibt eine Menge Leute", sagte die Stimme, „die sich mit Vorliebe um fremde Angelegenheiten kümmern. Wissen Sie das nicht? Hier wissen ziemlich viele, daß ich Deutsche bin, daß ich aus Berlin komme, wie ich als Mädchen hieß."

In mir wuchs ein taubes, totes Gefühl. „Das kann nicht Ihr Ernst sein", sagte ich. „Ich bin Hermanns wegen nach London gekommen, nicht nur seinetwegen, gewiß, aber vor allem seinetwegen."

„Es tut mir wirklich leid", sagte die Stimme. „Es tut mir aufrichtig leid. Ich habe Sympathie für Sie, obwohl Sie einer von den Leuten sind, die ständig vergangene Dinge aufrühren und die Welt nicht in Ruhe lassen."

„Welche Welt meinen Sie?" fragte ich. „Vielleicht wäre es in der Welt ein wenig ruhiger und vernünftiger zugegangen, wenn Leute wie Hermann etwas zu sagen gehabt hätten. Aber man hat ihn umgebracht."

„Ich will nicht mit Ihnen streiten", sagte die Stimme. „Ich will Ihnen auch nichts ausreden. Aber auf mich können Sie nicht rechnen."

„Warten Sie", sagte ich, „warten Sie. Denken Sie einmal nach ..."

„Es ist mein letztes Wort", sagte die Stimme. „Übrigens, noch eins ... Eigentlich möchte ich es Ihnen gar nicht sagen. Aber vielleicht ist es besser, wenn Sie es wissen: Als er verhaftet war, hat Hermann nicht mehr daran geglaubt."

„Woran hat er nicht mehr geglaubt?" fragte ich und fühlte eine Kälte in mir.

„Er hat nicht mehr daran geglaubt", sagte die Stimme. „An seine Ideen, an Ihre Ideen. Er hat eben an das Ganze nicht mehr geglaubt. Er glaubte nicht mehr, daß es sich gelohnt hatte. Ich habe ihn in der Haft noch einmal gesehen, ehe sie ihn nach Buchenwald brachten. Er hat es mir selber gesagt."

„Sie lügen", sagte ich. „Jetzt haben Sie ihn eben zum zweitenmal umgebracht. Aber das soll Ihnen nicht gelingen."

„Werden Sie nicht pathetisch", sagte die Stimme. „Gute Nacht!"

Es klickte in der Leitung, ein Summen schwoll an, tausend undeutliche Stimmen wisperten.

Als ich die Tür der Telefonkabine öffnete, stolperte ich. Ich kam bis zu meinem Tisch und setzte mich. In meinem Kopf waren tausend wirre Gedanken oder auch kein einziger. Ich bestellte noch einen Campari. Als der Kellner ihn brachte, sagte er: „Ich glaube, die Dame möchte Sie noch einmal sprechen." Ich stürzte zurück in die Telefonkabine.

„Ich möchte wirklich nicht, daß wir uns auf so schroffe Weise trennen", sagte die Stimme. „Sie sind ein Idealist und können nicht begreifen, daß normale Leute ihr Leben so einzurichten suchen, wie es die Zeit verlangt. Seien Sie mir nicht böse ..."

„Ich sagte vorhin“, erwiderte ich, „Sie hätten ihn zum zweitenmal umgebracht. Ich habe wohl etwas übertrieben. Aber Sie haben ihn damals angezeigt.“

Wieder wisperten die Stimmen. Eine stumpfe, dumpfe Ruhe breitete sich zwischen uns. Dann sagte Mrs. Young: „Ja.“ Eine Pause trat ein. „Was wissen Sie denn“, sagte sie, „gar nichts wissen Sie mit Ihrem blödsinnigen Idealismus. Ich war sechs Jahre jünger als Hermann, aber alt genug, um begreifen zu können, was er trieb und wohin er es trieb. Ich wollte nicht seinen Tod, wo denken Sie hin, er war doch mein Bruder. Er sollte nur einen Denkzettel kriegen und lernen, daß man auf seine Familie Rücksicht zu nehmen hat. Man sprach doch damals von Schutzhaft[1], die Gefangenen sollten in sich gehen, hieß es, sich in eine neue Gemeinschaft einfügen. Ich wollte nicht seinetwegen vom Studium ausgeschlossen werden, ich wollte mir nicht mein Leben verderben lassen. Meine Mutter hat bis zu ihrem Tode nichts davon gewußt. Und er hat auch nichts geahnt ...“

Ich nahm langsam den Hörer vom Ohr, ließ ihn an der Leitungsschnur hängen und ging leise aus der Kabine. Dann zahlte ich und verließ das Lokal.

Ich ging wie in einem Schlaf durch die Straßen. Manchmal erwachte in mir der Gedanke: Vielleicht hatte Hermann mich in Verdacht gehabt. Ich erwachte einmal hier, einmal dort. Ich erkannte in meiner halben Bewußtlosigkeit eine Straße, einen Platz.

Aus Lyon’s Corner House drang der Jazz. Große Automobile lagen dunkel vor den Türen von Park Lane. An den Espresso-Cafés weiter oben standen junge Leute, lachten und sangen. Eine Stimme im Halbdunkel sagte: „Vergessen Sie uns nicht, Sir!“ Ich beugte mich vor und sah einen Mann, der unbeweglich dastand und an mir vorbeisah. Er trug ein Schild vor der Brust. Ich trat noch näher und konnte jetzt die Inschrift lesen: PEOPLE LIVING IN A WORLD OF DARKNESS DESPERATELY NEED YOUR HELP[2]. In kleineren Buchstaben stand darunter: The Royal School for the Blind, Leatherhead, Surrey. Ich suchte in meinen Taschen nach ein paar Schillingen.

Über der Stadt lag eine Glocke von Staub, Licht und Geräuschen. Im Nachthimmel brannte der Widerschein ferner Straßen. Aus den Lüften drang Düsengeheul. Ich fühlte, daß jetzt sehr weit weg irgendwo sich ein leiser, ziehender Schmerz auf den Weg machte, um zu mir zu stoßen. Er hatte eine lange Strecke vor sich und viel Zeit. Aber ich war ruhig. Er würde mich schon erreichen.

1 *Schutzhaft:* beschönigende Bezeichnung für eine Methode der Entfernung von Gegnern des nationalsozialistischen Systems aus dem öffentlichen Leben; führte oft zu langem Aufenthalt in Konzentrationslagern oder bis zur Vernichtung

2 *PEOPLE LIVING ...:* Die Menschen, die in einer Welt der Dunkelheit leben, brauchen verzweifelt deine Hilfe. Die Königliche Blindenschule, ...

Arbeitsanregungen

1. *Beschreibt eure Gedanken und Empfindungen während der Lektüre.*
2. *Hermlins Erzählungen wird von der Literaturwissenschaft formale Geschlossenheit bescheinigt.*
   - *Was ist damit wohl gemeint?*
   - *Gliedert dazu das Geschehen in sinnvolle Abschnitte, und fertigt eine Verlaufsskizze an.*
   - *Versucht, den Aufbau der Erzählung zu begründen.*
3. *Wie gelingt es Stephan Hermlin im ersten Teil der Geschichte, die konspirative Atmosphäre um die Widerständler realistisch darzustellen? Untersucht besonders Milieu- und Situationsschilderung und die sprachliche Gestaltung.*
4. *Beschreibt und bewertet das Verhältnis zwischen Hermann R. und dem Erzähler.*
5. *Wie gelingt es dem Autor, bei der Darstellung der Londoner Telefonate das Verzögern und Abblocken der persönlichen Begegnung durch die Schwester Hermanns glaubwürdig zu gestalten? Beachtet z. B., wie er die Schwester bezeichnet und wie sie spricht.*
6. *Am Ende der Erzählung erleben wir einen überraschenden, beinahe dramatischen Umschwung.*
   - *Analysiert die Beweggründe der Schwester für den Verrat. Stellt die junge Frau dabei in ihre Zeit.*
   - *Lest alle vorherigen Aussagen über die Schwester noch einmal. Wie bereitet der Autor den Leser auf diese furchtbare Wendung vor?*
7. *Welche Bedeutung besitzt der Satz am Ende des zweiten Telefonats: „Jetzt haben Sie ihn eben zum zweitenmal umgebracht." (S. 25, Z. 30)*
8. *Hermlin setzt sich in dieser Geschichte mit dem Phänomen des Verrats auseinander: Wie kann die Schwester damit leben? Wie soll der Erzähler nach seiner Entdeckung künftig Wagnis und Ergebnis des Widerstands einschätzen, und wie soll er fortan die „Leute" und „die Welt" sehen?*
9. *Wie reagiert der Erzähler, nachdem seine Vermutung Tatsache geworden ist? Lest dazu die letzten drei Abschnitte (S. 26, Z. 14–33).*
10. *Setzt den Titel der Erzählung „In einer dunklen Welt" zur letzten beinahe alltäglichen Begegnung des Erzählers in London in Beziehung.*
    Wofür mag die „dunkle Welt" Symbol sein?
11. *Hermlin, der beim Schreiben fast immer von biographischen Erlebnissen und Erfahrungen ausgeht, spricht davon, daß viele seiner Geschichten „unerfunden" sind. 1951 ist auch tatsächlich ein damals vielbeachtetes Buch „Die erste Reihe" mit Porträts junger Antifaschisten erschienen, von dessen Entstehung wir in der Erzählung erfahren. Doch die Geschichte von Hermann R., die Hermlin so gern schreiben wollte, gibt es darin nicht. Warum erhebt sich die Erzählung „In einer dunklen Welt" über die Wiedergabe ganz persönlicher Erinnerungen eines einzelnen Menschen? Was macht sie zu einem Kunstwerk?*

12. *Eine Gruppe etwa siebzigjährigerLeute äußerte in einer Leserdiskussion, die sich auch auf die Aufarbeitung der DDR-Geschichte bezog, daß sie die Erzählung Hermlins* **heute** *in einer neuen Weise lesen würde. Wie versteht ihr diese Äußerung?*
13. *Sebastian Brant hat 1494, also vor 500 Jahren, in der Sammlung „Das Narrenschiff" seine Zeitgenossen mit all ihren Fehlern und Schwächen entlarvt.*
Zum Sinnbild „Wahrheit verschweigen" heißt es:

> *„Wer Schmeichelns oder Drohens wegen*
> *die Wahrheit tut beiseite legen,*
> *dem gibt der Antichrist den Segen."*

Ein Lehrer legt seinen Schülern während des gemeinsamen Nachdenkens über Hermlins Erzählung diesen Holzschnitt von Albrecht Dürer vor. Er gibt zu bedenken, ob man das Bild dem Text zuordnen könne, nicht als Illustration, sondern um die Wirkung der Erzählung beim Leser zu vertiefen. In der Klasse entbrennt ein heftiger Streit darüber. Welche Argumente werden wohl zusammengetragen?

Albrecht Dürer Wahrheit verschweigen (Holzschnitt)

Johannes Bobrowski

Johannes Bobrowski gehört zu den wenigen deutschen Schriftstellern, die in der Zeit politischer Trennung Anerkennung und Leser in Ost- und Westdeutschland gefunden haben.

Als Sohn eines Eisenbahners am 9.4.1917 in Tilsit im damaligen Ostpreußen geboren und in christlichem Glauben erzogen, besuchte Bobrowski das Gymnasium. Das 1938 in Berlin begonnene Kunstgeschichtsstudium wurde ein Jahr später durch die Einberufung zur Wehrmacht und den 2. Weltkrieg beendet. Das Erleben des furchtbaren Krieges, aber auch der Eindruck der russischen Landschaft führten zu ersten schriftstellerischen Versuchen.

Nach vierjähriger Kriegsgefangenschaft nahm Bobrowski eine Lektorentätigkeit auf; 1959 wurde er Cheflektor beim evangelischen Union Verlag Berlin. 1961 erschien in der BRD und in der DDR sein erster Gedichtband „Sarmatische Zeit“. Trotz seines kurzen Lebens schuf er mit dem nächsten Gedichtband „Schattenland Ströme“ (1962), den Romanen „Levins Mühle“ (1964) und „Litauische Claviere“ (1966) sowie den Erzählbänden „Boehlendorff und Mäusefest“ (1965) und „Der Mahner“ (1967) Werke, die weit über seine Zeit hinausreichen und ihn zu einem wichtigen europäischen Autor machen.

Johannes Bobrowski verstarb am 2.9.1965 in Berlin.

Johannes Bobrowski Mäusefest

Moise[1] Trumpeter sitzt auf dem Stühlchen in der Ladenecke. Der Laden ist klein, und er ist leer. Wahrscheinlich weil die Sonne, die immer hereinkommt, Platz braucht und der Mond auch. Der kommt auch immer herein, wenn er vorbeigeht. Der Mond also auch. Er ist hereingekommen, der Mond, zur Tür herein, die Ladenklingel hat sich nur einmal und ganz leise nur gerührt, aber vielleicht gar nicht, weil der Mond hereinkam, sondern weil die Mäuschen so laufen und herumtanzen auf den dünnen Dielenbrettern. Der Mond ist also gekommen, und Moise hat Guten Abend, Mond! gesagt, und nun sehen sie beiden den Mäuschen zu.

Das ist aber auch jeden Tag anders mit den Mäusen, mal tanzen sie so und mal so, und alles mit vier Beinen, einem spitzen Kopf und einem dünnen Schwänzchen.

Aber lieber Mond, sagt Moise, das ist längst nicht alles, da haben sie noch so ein Körperchen, und was da alles drin ist! Aber das kannst du vielleicht nicht verstehen, und außerdem ist es gar nicht jeden Tag anders, sondern immer ganz genau dasselbe, und das, denk ich, ist gerade so sehr verwunderlich. Es wird schon eher so sein, daß du jeden Tag anders bist, obwohl du doch immer durch die gleiche Tür kommst und es immer dunkel ist, bevor du hier Platz genommen hast. Aber nun sei mal still und paß gut auf.

Siehst du, es ist immer dasselbe.

Moise hat eine Brotrinde vor seine Füße fallen lassen, da huschen die Mäuschen näher, ein Streckchen um das andere, einige richten sich sogar auf und schnuppern ein bißchen in die Luft. Siehst du, so ist es. Immer dasselbe.

1 *Moise:* jiddischer Vorname, Ableitung vom biblischen Namen „Moses“; bewußt gewählter Gleichklang mit „Mäuse“, der Pluralform von „Maus“

Da sitzen die beiden Alten und freuen sich und hören zuerst gar nicht, daß die Ladentür aufgegangen ist. Nur die Mäuse haben es gleich gehört und sind fort, ganz fort und so schnell, daß man nicht sagen kann, wohin sie gelaufen sind.

In der Tür steht ein Soldat, ein Deutscher. Moise hat gute Augen, er sieht: ein junger Mensch, so ein Schuljunge, der eigentlich gar nicht weiß, was er hier wollte, jetzt, wo er in der Tür steht. Mal sehen, wie das Judenvolk haust, wird er sich draußen gedacht haben. Aber jetzt sitzt der alte Jude auf seinem Stühlchen, und der Laden ist hell vom Mondlicht. Wenn Se mechten hereintreten, Herr Leitnantleben[1], sagt Moise.

Der Junge schließt die Tür. Er wundert sich gar nicht, daß der Jude Deutsch kann, er steht so da, und als Moise sich erhebt und sagt: Kommen Se man, andern Stuhl hab ich nicht, sagt er: Danke, ich kann stehen, aber er macht ein paar Schritte, bis in die Mitte des Ladens, und dann noch drei Schritte auf den Stuhl zu. Und da Moise noch einmal zum Sitzen auffordert, setzt er sich auch.

Jetzt sind Se mal ganz still, sagt Moise und lehnt sich an die Wand.

Die Brotrinde liegt noch immer da, und, siehst du, da kommen auch die Mäuse wieder. Wie vorher, gar nicht ein bißchen langsamer, genau wie vorher, ein Stückchen, noch ein Stückchen, mit Aufrichten und Schnuppern und einem ganz winzigen Schnaufer, den nur Moise hört und vielleicht der Mond auch. Ganz genau wie vorher.

Und nun haben sie die Rinde wiedergefunden. Ein Mäusefest, in kleinem Rahmen, versteht sich, nichts Besondres, aber auch nicht ganz alltäglich.

Da sitzt man und sieht zu. Der Krieg ist schon ein paar Tage alt [2]. Das Land heißt Polen. Es ist ganz flach und sandig. Die Straßen sind schlecht, und es gibt viele Kinder hier. Was soll man da noch reden? Die Deutschen sind gekommen, unzählig viele, einer sitzt hier im Judenladen, ein ganz junger, ein Milchbart. Er hat eine Mutter in Deutschland und einen Vater, auch noch in Deutschland, und zwei kleine Schwestern. Nun kommt man also in der Welt herum, wird er denken, jetzt ist man in Polen, und später vielleicht fährt man nach England, und dieses Polen hier ist ganz polnisch.

Der alte Jude lehnt an der Wand. Die Mäuse sind noch immer um ihre Rinde versammelt. Wenn sie noch kleiner geworden ist, wird eine ältere Mäusemutter sie mit nach Hause nehmen, und die andern Mäuschen werden hinterherlaufen.

Weißt du, sagt der Mond zu Moise, ich muß noch ein bißchen weiter. Und Moise weiß schon, daß es dem Mond unbehaglich ist, weil dieser Deutsche da herumsitzt. Was will er denn bloß? Also sagt Moise nur: Bleib du noch ein Weilchen.

Aber dafür erhebt sich der Soldat jetzt. Die Mäuse laufen davon, man weiß gar nicht, wohin sie alle so schnell verschwinden können. Er überlegt, ob er Aufwiedersehen sagen soll, bleibt also einen Augenblick noch im Laden stehen und geht dann einfach hinaus.

1 *Leitnantleben:* Die schmeichelnde jiddische Koseform „-leben“ wird hier an das übertriebene „Leitnant“ (Leutnant) angehängt; es handelt sich ja nur um einen Soldaten.

2 *Der Krieg …:* Das nationalsozialistische Deutschland überfiel am 1. 9. 1939 das benachbarte Polen; damit begann der Zweite Weltkrieg.

Moise sagt nichts, er wartet, daß der Mond zu sprechen anfängt. Die Mäuse sind fort, verschwunden. Mäuse können das.

Das war ein Deutscher, sagt der Mond, du weißt doch, was mit diesen Deutschen ist. Und weil Moise noch immer so wie vorher an der Wand lehnt und gar nichts sagt, fährt er dringlicher fort: Weglaufen willst du nicht, verstecken willst du dich nicht, ach Moise. Das war ein Deutscher, das hast du doch gesehen. Sag mir bloß nicht, der Junge ist keiner, oder jedenfalls kein schlimmer. Das macht jetzt keinen Unterschied mehr. Wenn sie über Polen gekommen sind, wie wird es mit deinen Leuten gehn?

Ich hab gehört, sagt Moise.

Es ist jetzt ganz weiß im Laden. Das Licht füllt den Raum bis an die Tür in der Rückwand. Wo Moise lehnt, ganz weiß, daß man denkt, er werde immer mehr eins mit der Wand. Mit jedem Wort, das er sagt. Ich weiß, sagt Moise, da hast du ganz recht, ich werd Ärger kriegen mit meinem Gott[1].

Arbeitsanregungen

1. *Gebt zunächst die kleine Geschichte von Johannes Bobrowski mit eigenen Worten wieder. Beschreibt dabei auch, was ihr über das Leben Moise Trumpeters erfahrt.*
2. *Welche Besonderheiten der Textgestaltung fallen euch auf? Beachtet auch die sprachkünstlerische Darstellung.*
3. *Unterscheidet reale Vorgänge in der Geschichte von phantastischen.*
   Beantwortet danach folgende Fragen:
   - *Welches Verhältnis hat Moise zum Mond und zu den Mäuschen?*
   - *Was für ein Mensch mag er wohl sein?*
4. *Schreibt einen ausführlichen Dialog, den Moise mit dem Mond führt.*
5. *Wenige Tage nach Kriegsbeginn kommt der junge deutsche Soldat in den kleinen Laden eines alten polnischen Juden, um zu sehen, wie „das Judenvolk" haust (S. 30, Z. 6). Welche Gedanken mögen ihn vor Betreten des Ladens, während seines kurzen Aufenthaltes und danach bewegt haben?*
   Entwerft dazu einen Brief, den der Soldat nach Hause schreibt.
6. *Warum spricht der Erzähler wohl von einem „Mäusefest" (vgl. den Titel der Geschichte und S. 30, Z. 19), das im kleinen Rahmen bei Moise stattfindet?*
7. *Zweimal wird uns vom plötzlichen Verschwinden der Mäuse erzählt. Andererseits kritisiert der Mond den Moise, daß er nicht weglaufen oder sich verstecken will. Stellt Beziehungen zwischen diesen beiden Sachverhalten her. Denkt dabei besonders an die Lage der Juden in Deutschland und in den von den Deutschen besetzten Ländern.*

1 *... mit meinem Gott:* Der jüdische Gott Jahwe fordert gewissermaßen, sich niemals mit einem Feind einzulassen.

8. *Was mag in der Zeit des kurzen „Besuchs" des Soldaten alles durch Moises Kopf gegangen sein? Warum rechtfertigt er sich später vor dem Mond und bestätigt, daß er „Ärger" mit seinem Gott kriegen wird (S. 31, Z. 13)? Bedenkt dabei, daß Bobrowski die Geschichte rund 20 Jahre nach Kriegsende geschrieben und in ihr sein Wissen über die furchtbaren Folgen des Krieges verarbeitet hat.*

Franz Fühmann

Der am 15.1.1922 in Rokytnice (Riesengebirge/Tschechische Republik) in einer Apothekerfamilie geborene Franz Fühmann genoß eine gute Schulbildung und begeisterte sich früh für den Nationalsozialismus. Der Einberufung zum Arbeitsdienst (1941) folgten Teilnahme am Krieg und Verwundung. In der sowjetischen Kriegsgefangenschaft (1945 – 1949) vollzog sich eine tiefgreifende innere Wende hin zu sozialistischen Ideen.

Seit 1950 in Berlin lebend, trat Fühmann nach journalistischen und kulturpolitischen Tätigkeiten zunehmend erfolgreich als Erzähler, Lyriker, Nachdichter, Essayist und Kinderbuchautor hervor. In Gedichtbänden („Die Fahrt nach Stalingrad", 1953) und Erzählbänden („Kameraden", 1955; „Das Judenauto", 1962; „Der Jongleur im Kino oder Die Insel der Träume", 1970) setzte er sich immer wieder mit der Entstehung und den furchtbaren Folgen des Nationalsozialismus und mit seiner eigenen Lebensgeschichte („Zweiundzwanzig Tage oder Die Hälfte des Lebens", 1973) auseinander.

Kritische Beobachtung der Wirklichkeit in der DDR (und der Welt) und Rückbesinnung auf kulturelle Menschheitswerte veranlaßten ihn zur Nacherzählung bzw. Neudichtung von Märchen und Mythen (z.B. Nibelungenlied, Reineke Fuchs, Shakespeare-Märchen, Odysseus, Ödipus, Prometheus, Stoffe und Motive der Bibel), zu zeitkritischer Phantastik („Saiäns- fiktschen", 1981) und zu unbequemer Essayistik. Viele der poetischen Neubearbeitungen wandten sich an Kinder, so auch das wunderschöne „Spielbuch in Sachen Sprache", „Die dampfenden Hälse der Pferde im Turm von Babel" (1978).

Franz Fühmann verstarb am 8.7.1984. Er gilt als einer der bedeutendsten Autoren der DDR, als ein Analytiker und Mahner, der sich gesellschaftlichen, kulturpolitischen und ästhetischen Vorschriften widersetzte.

Franz Fühmann Drei nackte Männer

Sie waren nicht oft in der Sauna, ich glaube im ganzen vier- oder fünfmal, doch ich bin durchaus in der Lage, sie genau zu beschreiben. Sie kamen und gingen und bewegten sich zwischen Kommen und Gehen stets in der gleichen Weise, und ich bin fest überzeugt, daß, kämen sie auch erst nach Jahren wieder, sie sich genauso aufführen würden wie das erste Mal, selbst wenn es dann gar nicht dieselben drei nackten Männer mehr wären.

Zwei waren von durchschnittlicher Größe, der eine ein wenig länger, der andere ein klein wenig kürzer als mittleres Mittelmaß, und auch ihr Gewicht mochte noch dem Normalen entsprechen, wenngleich ein Anflug von Schwammigkeit, vor allem in den Gesichtern, darauf hinwies, daß sie, jetzt Anfang der Vierzig, sicher bald Mühe haben würden, es zu halten. Der Mann in ihrer Mitte war voll im Fleisch. Er war einen ganzen Kopf kleiner, gedrungen, feist, doch erstaunlich gelenkig, und über und über mit einer grauschwarzen kräusligen Wolle bewachsen, auch über die Schultern und rund ums Knie. Wenn er in Schweiß geriet, glänzte er silbrig. Auch sein Haupthaar war dicht, wiewohl er Mitte der Fünfzig sein mußte; es war graubraun, ein wenig gewellt und, zurückgekämmt, recht kurz gehalten; er trug auch weder Bart noch Koteletten und sah stets aus, als habe er sich soeben rasiert. Vielleicht aber war sein Bartwuchs schwach; was ja bei Leibbepelzten häufig vorkommt, denn die Haut zeigte vom Kinn bis zu den Schläfen nicht jenes lästige Violett, wie es nach vielem Rasieren auftritt. So leuchteten die Backen nachtweiß und voll über dem Moos der Schulter; der Hals war sehr kurz, das Gesicht fast faltenlos, auch die – nicht sehr hohe – Stirn beinah glatt, nur das Kinn von einer herzförmigen Delle gezeichnet, deren Spitze sich in den Kiefergrund zog. Kleiner Mund, kleine Ohren, der Nacken fest; auf die Augen komme ich noch zu sprechen. Seine Hände wirkten, trotz der stumpfen Fingerkuppen, zart, die Nägel, auch die Zehennägel, waren glatt, gleichmäßig rund gefeilt, ohne Einriß, rosig, mit deutlichen Halbmonden, und die Hand- und Fußsohlen ohne Hornhaut weich, ja fast weiberhaft. Peinlichste Sauberkeit; kaum merkbare Spuren von Parfüm oder sehr guter Seife. Breite Brust, durchaus ein Bauch, bedeutend sogar, aber fleischig, nicht fett, und gewölbt, statt hängend, gedrungene Beine, gedrungenes Geschlechtsteil, das Schamhaar von der Wolle des Bauchs und der Brust kaum abgehoben. Massiver Trauring, das Gebiß kräftig, und Gold auch hier; der Atem rein, keine Brille. Man sieht so viel Gesundheit in diesem Alter nicht oft.

Nun seine Augen. Sie waren hellbraun und kugelrund, und auch die Lidrandung rund, und sie waren, wenn er sprach, auf eine Art in Bewegung, von der man versucht ist zu sagen „sie wanderten“, wäre die Bewegung ruhig, und „mausartig“, wäre sie scheu gewesen. Es war ein Mustern, doch auch dieser Ausdruck ist ungenau, denn dies Mustern geschah nicht durch prüfendes Hingleiten übers Objekt, sondern durch ruckartige Sprünge zuerst des Kopfs und hernach der Blicke; es war eine Summe von Momentaufnahmen genau fixierter[1] Partien, Facettenbilder[2] eines in die Zeit gekästelten Insektenauges, und zwar seltsamerweise immer um die Pole ihres Gegenstandes. So betrachtete er von einem Menschen nur den Kopf und die Füße, immer nur Kopf und Füße, von jedem, und dies mit einer so ungeheuerlich ungenierten, sich als so selbstverständliches Recht gebenden Sicherheit, daß sie schon nicht mehr als Flegelei empfunden wurde, ja man hätte es vielleicht sogar hingenommen, wenn er solcherart die Penisse gemustert hätte. Nie verheimlichte er einen Blick, nie wandte er ihn verlegen ab, wenn man aufsah, und nie hätte er sich stören lassen; mir ist allerdings dazu auch kein Versuch bewußt.

Obwohl ich mir vornahm, seine Bekleidung zu erkunden, versäumte ich jedesmal die Gelegenheit. Man kommt ja von außen, von der Straße oder den medizinischen Bädern, in die Sauna herauf, geht in die Umkleideräume, drei enge Gänge zwischen

1 *fixiert:* hier: genau festgelegt
2 *Facettenbild:* aus vielen Teilen zusammengesetztes Bild, wie es die Netzaugen von manchen Insekten hervorbringen

vier Wänden schmaler Blechspinde, und betritt dann nackt durch eine selbsttätig schließende Glastür den Vorderraum mit dem kalten Becken und den Duschen, von dem rechter Hand die Tür in die eigentliche Sauna und linker Hand die in den Ruheraum führt. Nun sind die Badezeiten, in vier Schichten zwischen Mittag und Abend festgelegt, äußerst knapp bemessen, man will seine Zeit nicht beim Umziehn vertun, und da die drei immer etwas später kamen und stets etwas früher gingen, sah ich sie eben erst, wenn sie den Vorraum betraten, und da waren sie natürlich schon kleiderlos. Ihr Eintritt vollzog sich jedesmal im gleichen Gänsemarsch. Über den Kopf des Wolligen zurück überwies, durch ein Nachstoßen mit den Fingerspitzen, der vorangehende Längere die zur Garderobe hin aufgezogene, schon wieder ins Schloß schwingende Tür dem beschließenden Kürzeren, dessen vorschnellende Hand sie überm Kopf des Wolligen auffing und nochmals zurückriß; ein kompliziert zu beschreibendes Entree, das jedoch kein Aufsehen erregte, auch wenn es sich, mit zweckgebotnen Abweichungen natürlich, bei jeder Tür wiederholte: zur Sauna, aus der Sauna, zum Ruheraum, aus dem Ruheraum, und dies dreimal, und zum Schluß in den Umkleideraum zurück, und so bei jedem der fünf Besuche. Nie brauchte der Wollige eine Tür anzufassen, aber auch nie wurde sie vor ihm devot[1] aufgetan; nie betrat er anmaßend einen Raum als erster, doch stets tat nach dem Passieren der Tür der Vorausgehende einen Spreizschritt zur Seite, der Letzte schloß auf, und die beiden wahrten ihren halben Schritt Abstand hinter dem solcherart an die Spitze gekommenen Mittleren auch beim Langsamerwerden und Stehenbleiben. Das alles sah völlig natürlich aus und lief ab, als sei es lang eingeübt, obwohl solche Riten[2] gewiß nicht exerziert[3] werden können, ja wahrscheinlich nicht einmal einer Weisung entspringen. Sie ergeben sich; sie sind einfach die Form, die ein Vorgang von einiger Wichtigkeit annehmen muß, und also sind sie doch natürlich: die Natur der Gesellschaft drückt sich darin aus. Zu dieser Zeit gerade in ästhetisch-theoretischen[4] Grübeleien um eine Apologie[5] der Form versponnen, nahm ich diese Erkenntnis mit Genugtuung auf.

In der Tat: den Unterschied zwischen lebendiger und erstarrter Form, den ich bei meiner Arbeit durch einen Vergleich zweier Sonette[6] – Texte verwandter Thematik von Gryphius[7] und Emanuel Geibel[8] etwa – oder auch, was allerdings schwieriger, aber auch eindrucksvoller gewesen wäre, durch einen Vergleich zweier Terzinen[9]

1 *devot:* unterwürfig
2 *Riten (Sg. Ritus):* hier: feststehender Ablauf von Handlungen
3 *exerzieren:* hier: üben
4 *ästhetisch:* die schöne oder künstlerische Form von Erscheinungen und Gegenständen betreffend
5 *Apologie:* Verteidigung, Verteidigungsschrift
6 *Sonett:* strenge Form des lyrischen Gedichts mit 14 Versen
7 *Andreas Gryphius (1616 – 1664):* bedeutender deutscher Lyriker und Dramatiker des Barock
8 *Emanuel Geibel (1815 – 1884):* deutscher Lyriker und Übersetzer von Lyrik
9 *Terzine:* ursprünglich italienische Strophenform mit drei Versen

analoger[1] Autoren herauszuarbeiten gedachte, ich hätte ihn, was die lebendige Form anlangte, kaum besser studieren können als eben hier, und besonders dann, wenn die drei den Saunaraum betraten.

Gegen ein Zeremoniell feierlichen Eintritts würden wir uns empört haben, denn das hätte die Tür ungebührlich lang offengehalten, und da waren wir alle sehr empfindlich. Mit Recht: die Ofenleistung war mit einem Maximum von fünfundsiebzig Grad durchaus unzulänglich, und wir hatten uns kurz zuvor sogar mit einer Bande von Rowdys angelegt, die eine Kraftprobe versuchten und die Tür für ihren Einzug sperrangelweit aufstießen – da hatten wir kräftige Worte gefunden, und da wären wir auch einer Prügelei nicht aus dem Weg gegangen, doch die drei gaben uns kein Ärgernis. Kaum hatte der Längere die Tür aufgeklinkt, war auch der Wollige schon hindurch, und der Kürzere schloß: schneller hätten sie auch auf andere Weise nicht passieren können. Sie hielten sich überhaupt strikt an die Regeln. Daß sie die Badezeiten nicht überschritten, sagte ich schon; daß sie weder lärmten noch rauchten noch Alkohol tranken, war selbstverständlich, und als der Wollige – es geschah dies nur beim ersten Besuch – eine Handbürste mit in die Schwitzstube brachte, ließ er sie nach einem Blick auf eines der Verbotsschilder unbenutzt, wiewohl nur wenige Badegäste auf den Bänken saßen und keiner davon unmittelbar neben ihm. Er sprang – gegen welche Anstandsregel sonst sehr viele sündigten – auch niemals ins Kaltwasserbecken, wenn jemand in der Nähe stand, den er hätte bespritzen können, und selbstverständlich duschte er vorher, was auch nicht jeder tat. – Ins Kaltbecken sprang er stets in der Hocke, mit hochgezogenen Knien, aber nie die Beine mit den Armen umfaßt, was in solcher Unvollkommenheit etwas Rührendes hatte. Von seinen Begleitern folgte ihm keiner. Hasenherzigkeit? Je nun – die zwei standen mit solch wacher Lässigkeit vor den beiden zugänglichen Beckenumrandungen (die beiden anderen gingen in die rechten hinteren Eckwände des Vorraums über), daß jeder einen Bogen ums Becken machte, doch sie ließen mich anstandslos die Stufen in die Kälte hinab, als sich einmal der Wollige noch darin tummelte. Es lag mir natürlich fern, sie zu erproben; ich hatte geschwitzt, geduscht und wollte mich abkühlen, das war alles, und da ich wußte, daß der Wollige länger als wir alle im Becken aushielt, wich ich von meiner Gewohnheit ab und stieg zu ihm. Sonst warte ich nämlich stets, bis das Becken frei ist; ich pflege nur rasch einzutunken und mich dabei am Stufengeländer festzuhalten, und da man im kalten Wasser im Nu bis ins Mark friert, will ich niemand den Rückweg versperren und warte eben. Beim Wolligen aber wußte ich, daß er verweilte. Nach dem Einsprung (in der Hocke, man erinnert sich) blieb er stets einen Augenblick untergetaucht, dann schwoll er, sich kräftig vom Grund abstoßend, senkrecht bis über die Leisten[2] herauf, warf die Arme über den Kopf und fiel aufplatschend nieder und hüpfte in diesem Auf und Ab prustend und um sich schlagend das Becken hindurch bis zum armdick einschießenden Frischwasserstrahl, unter dem er gehöhlten Kreuzes die Schultern dehnte und renkte, bis die Lippen blau anliefen, um dann, immer noch

1 *analog:* ähnlich, gleichartig

2 *Leiste:* hier: Bereich des menschlichen Körpers zwischen Bauchwand und Oberschenkel

hoch- und niederfahrend, der Wuschlichkeit des gelbweißen Flauschtuchs entgegenzueilen, mit dem ihn der Längere zu seiten des Einstiegs erwartete. Nun stand er vorm Wasserstrahl und schien nichts als Behagen zu empfinden: Er planschte wie ein Kind; das Glück des Leibs strahlte unverdrängt und ungebrochen von seinen Backen, und da es mir ebenso ging, geschah es, daß ich ihn für einen Badegast gleich uns hielt und mit irgendeiner der Floskeln[1] ansprechen wollte, die man bei dieser Gelegenheit äußert und die, wenn sie auch nicht mehr besagen als ein gemeinsames Lächeln oder Schmunzeln zufällig zusammgeführter Alltagsgefährten, eben doch einem gemeinsamen Erlebnis entspringen und Ausdruck dieser Gemeinsamkeit sind. Ein Wohlgefühl, und daraus ein naiver, kaum artikulierbarer[2] Mitteilungsdrang, mehr Geste als Wort, und so stieg ich nach dem Unterducken nicht gleich die Stufen wieder hinauf, sondern wandte mich dem nun auch mir sich Zuwendenden zu, um ihn anzureden, da spürte ich den Blick im Nacken und ließ es sein. Es war einer der Blicke, die durch jede Arglosigkeit unter die Haut dringen; ich fuhr herum, und da stand der Kürzere lässig zwischen dem Beckenrand und den Steinbänken, darauf man die Badesachen ablegte; er stand lässiger als sonst, das Gewicht ganz aufs linke Bein verlagert, die rechte Ferse auf der Steinbank, die Hände überm Gesäß, den Unterkiefer vorgeschoben und den Blick gleichmütig zwischen mir und dem Wolligen auf dem grünen Wasser. Er rührte sich nicht, doch in diesem Augenblick fühlte ich von der Steinbank aus einen körperlosen Schatten zwischen mich und den Wolligen springen; lautloses Aufklatschen; Eiseskälte; ich tat fröstelnd einen Schritt zurück ins Becken und sah den Wolligen über die Stufen steigen, ins Tuch sich hüllen und, vom Kürzeren gefolgt, in den Ruheraum treten, dessen Tür der Längere vor ihm aufstieß.

Im Ruheraum ruhte er wie immer konzentriert, doch hier war, wie ebenfalls immer, die Ruhe schon nicht mehr Genuß. Er versuchte angestrengt, sich zu entspannen, und so ruhte er ohne auszuruhn. Er lag (man konnte durch die Glastür alle fünf Pritschen beschauen), er lag zwar unbewegt auf dem Rücken, die Knie durchgedrückt, die Hände unter dem Nacken verschränkt und die Augen geschlossen, allein er lag wie in einer Schablone vollkommen symmetrisch, und spätestens nach einer Minute begann er im grübelnden Selbstgespräch die Lippen zu bewegen und die Stirn zu runzeln, dann schien er sich bei diesem unerlaubten Nicht-Ruhn zu ertappen und kniff den Mund zu und lag die nächste Minute vollkommen steif. – In den Ruheraum begleitete ihn meist nur der Längere; der Kürzere seifte sich in dieser Zeit ab, was der Längere selten und der Wollige nie tat. Das Glück, das der Wollige im Kaltbecken erlebte, geschah dem Kürzeren unter der warmen Dusche: Er ließ, träg sich räkelnd, den körnigen Strahl minutenlang auf sich niedersausen, dann seifte er sich von der Stirnglatze bis zu den Knöcheln ab, brauste, seifte sich abermals schaumig, rieb mit dem Waschlappen herunter, wusch, im Kauern, die Füße und seifte ein drittes Mal die Partien, die er besonders zu säubern gedachte: das Gesicht, den Nacken, die Leistenbeuge, den Penis und die Afterspalte, und die, in breiter Grätsche

1 *Floskel:* nichtssagende Redewendung oder Satz
2 *kaum artikulierbar:* hier: kaum zu formulieren oder auszusprechen

gebückt, noch ein viertes Mal. Nach dem Abseifen drehte er die Dusche, so heiß er's ertrug, und stand wohlig schnaufend, dann packte er, aus allen Poren dampfend, die rosa Seife ins Schälchen, und dann kam meist auch der Wollige mit dem Längeren zurück, und sie gingen schwitzen. Diesmal, wie gesagt, waren sie zu dritt im Ruheraum: der Längere dösend, der Wollige angespannt sich entspannend, der Kürzere mit seitlich von der Pritsche herabhängenden Armen und Beinen, und als sie wieder den Vorraum betraten, pfiff er, der Kürzere, vor sich hin.

Und dann geschah das Unerwartete.

Im Schwitzraum (ich war gleich nach den dreien hineingeschlüpft) lud der Wollige noch, wie üblich, seine Begleiter, die wie immer eine Bank unter ihm Platz genommen hatten, durch ermunterndes Nicken und mehrmaliges Hochrucken der seitwärts der Hüften abgewinkelten und nach oben geöffneten Hände zu sich herauf, und wie üblich tat er dies, nachdem er schon die ersten Worte eines Gespräches begonnen, will sagen, ihnen mit verhaltener Stimme einige uns Umsitzenden unverstehbare, von den beiden Emporlauschenden aber mit beflissenem Nicken oder Schmunzeln quittierte Worte zugesprochen hatte, und wie immer glitt nach dieser Erhebung ein Lächeln begnadeter Freude über ihre Züge, beglückter beim Längeren, genugtuungsvoller beim Kürzeren, doch bei beiden ans Erstaunen von Söhnen des hohen Nordens erinnernd, die jedesmal neu überwältigt die Sonne nach langer Winterhaft aufgehen sehen. Bis dahin also auch diesmal wie je: Eintrittsritual, Platznahme nach Rang, Anrede, Erhöhung, und zwei gesetzte Männer schnellten fast rücklings nach oben, da fragte, statt sein Sich-Mitteilen forzusetzen, der Wollige laut als wie unsereins, wieviel Grad es denn habe, und auf die gedämpfte Entgegnung des Längeren, es habe vierundsiebzig Grad, fragte, und weiterhin so, daß ihn jeder vernehmen konnte, der Wollige weiter, ob das vierundsiebzig Grad Reaumur[1] oder Fahrenheit[2] wären, und setzte, zum Längeren gewandt, doch uns alle meinend, seine Fragen mit der Erkundigung fort, ob der Witz von dem Mann, der zur Leipziger Messe fahre, bekannt sei, und das war einfach unerhört. Unerhört natürlich nicht der Witz, sondern daß es uns einbezog. Sonst hatte er, wie gesagt, nur zu den beiden geredet, leise, bedeutend, mit leisen und bedeutenden Gesten und großen Pausen zwischen den einzelnen Worten, die er wie Sigel von Unabdingbarem setzte, verhalten, eindringlich, letztinstanzlich, und manchmal auch mit dem hintergründigen Lächeln für Eingeweihte, das über Wohl und Wehe Dritter entschied und das die beiden mit einer Gebärde empfingen, die der Übergang vom Nicken einer Vollzugsbereitschaft zur Verneigung vor schicksalhaft Waltendem war. Jedefalls sah es so aus, und nie hatten wir mehr als ein unerschließbares Raunen vernommen; nie hätten wir von seinen Lippen zu lesen vermocht; nie hatten die beiden um ihn durch ein Mienenspiel etwas von dem Mitgeteilten verraten – und nun an uns alle, und nun gar ein Witz! Natürlich

1 *Reaumur (frz.):* in Deutschland nicht mehr gebräuchliche Temperaturskale auf dem 80gradigen Thermometer; benannt nach dem französischen Physiker Reaumur

2 *Fahrenheit:* Temperaturskale mit dem Schmelzpunkt des Eises bei 32 °F und dem Siedepunkt des Wassers bei 212 °F; benannt nach dem niederländischen Physiker Fahrenheit

wartete er nicht auf ein Ja oder Nein zu seiner Frage, sondern fuhr – nach einer Pause, in der sich sein Mund schon auftat und sein Blick uns noch einmal überflog, ehe er sich, wie bei jedem Lehrenden, auf einen imaginären[1] Punkt im Fernsten richtete –, fuhr also, ein wenig vornübergebeugt, in kurzen, durch öfteres Händeöffnen weit voneinander abgesetzten Passagen zu reden fort, daß eines Morgens zwei Männer auf eine Dienstreise nach Leipzig zur Messe gegangen seien und am Fahrkartenschalter zwei Fahrkarten nach Leipzig verlangt hätten, wobei – und nun erhob er Kopf wie Stimme –, wobei der eine der Reisenden erklärt habe, sie reaumierten heute zur Messe (wörtlich: „Mir reaumieren nämlich heute zur Messe"), bei welcher Wendung der Längere wie der Kürzere ins glucksende Lachen ungläubiger Erheiterung ausbrachen, worauf der Wollige, mit jovial[2] genußhaftem Blick in unsere noch stumme Gesichterrunde zurückkehrend, das soeben berichtete Verbum unter neuem Aufglucksen der beiden bestätigend wiederholte, um dann, nach einer kunstvollen Pause, in der die Vorfreude auf die eigne Pointe[3] und damit die unverhohlene Erwartung, in wenigen Augenblicken eine Runde begeisterten Lachens um sich versammelt zu sehen, ihm die Augenbrauen hochzog und Lippen samt Backen erzittern machte, um also endlich mit ihr, der Pointe, herauszurücken: Man sei, so der zweite seiner Messebesucher zur Fahrkartenverkäuferin, man sei jetzt im Fernstudium nämlich gerade beim Physikkapitel, und da verwechsele der Kollege doch jedesmal Fahrenheit und Reaumur; er habe sagen wollen: „Mir fahrenheit zur Leipziger Messe", und da platzte der Kürzere heraus, eine schallende Lache, in die der Längere erst einstimmte, als der Wollige mit triumphierendem Ton die Pointe halb wiederholend vollendet hatte: „– mir fahrenheit nach Leipzig zur Messe – fahren heut, ja?", und nun lachte er selbst im breiten Gelächter der beiden mit, und der Längere schlug sich auf den Schenkel: „reaumiehrn –"; und der Kürzere, trockener, kopfschüttelnd zwischen kargeren Lachstößen: „– so einer; na!", und in den braunen, den wasserhellen klaren freudengeweiteten runden Augen des Wolligen schimmerte wieder die kindhafte Lust wie im Frischwasserbecken; und er hob schon, den Mund breitbehaglich verziehend, die Hände, seine Knie statt des Wassers zu schlagen, da war das Lachen der zwei in der Stille des Schweigens zerbröckelt, denn es blieb still ringsum, eine unbeteiligte Stille, auf allen Bänken, ganz still, und der Wollige, hilflos, erläuterte noch: „Das hat der verwechselt", dann ging sein Blick für einen Moment wieder in die Ferne und kam gleich zurück auf seine Zehen, und im Ofen knisterte ein Stein. Knistern im Ofen; natürlich, wir waren ja in der Sauna mit ihrer trockenen heißen Luft und dem trockenen heißen Holz und dem gnadenlos ausgeleuchteten trockenen heißen saharafarbenen Innen, in dem man jedes Haar und jede Fiber und jeden auf der Maserung verdampfenden Schweißtropfen sieht; hätte er diesen Witz im Dampfbad erzählt, in den wallenden Schwaden, wo auch die Phantasie und das Wohlwollen wallen, in den treibenden, ineinander sich wälzenden Wolken, aus denen Gesichter

1 *imaginär:* scheinbar, nicht wirklich vorhanden
2 *jovial:* wohlwollend, gönnerhaft
3 *Pointe:* hier: Höhepunkt bei Witz oder Anekdote

tauchen und Bäuche und Hände und Worte und Gutmütigkeiten, Vages im zischenden Nebel, zersprühende lindernde Kühle, Gelöstheit, Gemüt und Genüge, vielleicht hätte es dort, wo *alles* Volk war, ein Lachen gegeben, heitres Gebrüll aus den kochenden Schwaden, Herzlichkeit aus allen Poren; aber er ging ja nicht dorthin, und hier? Gnadenlos alles: gnadenlos die Luft, gnadenlos die Hitze, gnadenlos die Trockenheit, gnadenlos die Sonderung, ein gnadenlos vertaner Moment kaum möglichen Zusammenfindens, doch da sah der Wollige schon den Längeren an und sagte, beiläufig, uns grade noch hörbar, doch ganz zu dem Angesprochenen gerichtet: „Ach, ihr kanntet den schon", und dann, nach dem Nicken der beiden, doch ohne ihr Nicken erwartet zu haben und so, wie wenn nie etwas geschehen wäre – und es *war* ja auch gar nichts geschehen –, begann er wie je seine Worte zu setzen: unhörbar, bedeutend, mit sehr langen Pausen und sicher-beschließenden strichhaften Gesten, und dann schlug er noch einmal die Augen zu uns auf, die wir alle geblieben waren und dies und das sprachen, was man in der Sauna so spricht: Belangloses, Nichtiges, Halblautes, Silben, Partikel[1], und er sah uns alle in *einem* Blick an, gleichgültig, in lässiger Nichtbeachtung des einzelnen uns insgesamt abtuend; dann stand er, ein Wort zum Kürzeren äußernd, auf, wiewohl es noch nicht seine Zeit war (er blieb immer genau zwölf Minuten im Schwitzraum, eine Zeit, deren Dauer dem recht schnell ins Perlen geratenden Längeren offensichtlich nicht sehr angenehm war, doch er hielt natürlich jedesmal durch), stand also noch nicht triefend auf und ging, indes der Längere hautnah vor ihm durch die Tür glitt, in den Vorraum, und der Kürzere folgte ihm hautnah und schloß. Draußen dann machte der Wollige, nach dem Duschen natürlich, Kniebeugen; es waren, wobei er lautlos mitzählte, ihrer zwanzig, dann spritzte er Knie und Unterschenkel mit dem Kaltwasserschlauch ab, den ihm, da er danach griff, der Längere schon entgegenstreckte, und dann verließ er die Sauna endgültig, eine Viertelstunde zu früh und wie stets ohne Gruß.

Ich dachte, er käme nicht mehr, doch schon zum nächsten Turnus[2] trat er, und verspätet, ein wie immer, dann aber duschte er kürzer als sonst, ging sofort in den Schwitzraum, wiewohl es dort voll war, setzte sich ohne Zögern in eine Lücke der Mittelreihe, und seine Begleiter nahmen unten bei den Neulingen Platz. Fast eine Minute saßen sie so in völligem Schweigen, dann sagte der Wollige zwei unverstehbare Worte, und der Kürzere sprang auf, eilte ans Thermometer, beschaute, ein wenig ins Knie gehend, lange die Skala, und als er dann, zurückgekehrt, Meldung erstattete, drehte der Wollige den Kopf sehr langsam vom Gradaus nach ganz rechts, von dort nach ganz links und von dort zur Mitte zurück, fixierte dann, die Augen zum Thermometer erhoben, die von seinem Platz aus unablesbaren Ziffern, um schließlich ein den Umsitzenden deutlich vernehmbares „das ist wieder zuwenig" zu sagen, und zwar in einem Ton der Mißbilligung, in die sich sowohl Genugtuung über den

1 *Partikel:* in der Sprachwissenschaft Sammelbezeichnung für unveränderliche Wortarten; hier: Teilchen, kleinster Bestandteil

2 *Turnus:* festgelegte Reihenfolge, regelmäßiger Wechsel, hier: fester Termin des Saunabesuchs

Eintritt eines sicher vorausgewußten Ereignisses wie ehrliches Staunen darüber mischte, daß dieses Ereignis doch eingetreten – sein Timbre[1] rührte ans Rätsel der Prädestination[2]. In diesem Augenblick sah alles zum Thermometer: es zeigte wie stets vierundsiebzig Grad, und wir hörten den Wolligen noch einmal und nun nur noch mißbilligend sagen, daß dies für eine Sauna zuwenig sei, da aber war er schon aufgestanden und ging in den Duschraum und gab noch in der Tür, die dadurch ein wenig länger als sonst offenblieb, dem beschließenden Kürzeren eine uns unhörbare Weisung, die dieser mit lebhaftem Nicken entgegennahm. Dann ging er und am nächsten Tag war die Sauna geschlossen; ein Windschutz würde eingebaut, hieß es, und als die Anstalt nach neun Wochen wieder geöffnet wurde, war ein Lederschirm um die Tür gebaut, und das Thermometer hielt genau bei achtzig Grad. Jetzt war wohl jeder gespannt auf des Wolligen Rückkunft, und ich war zudem auch neugierig, einmal seine Reaktion auf ein gänzlich überraschendes, schon im Ansatz und nicht nur im Ziel unvorhergesehenes Ereignis zu erfahren, und ich nahm mir vor, es das nächste Mal so einzurichten, daß ich mich zwischen ihn und einen seiner Begleiter auf die oberste Saunabank drängte, doch da erschien er nicht mehr bei uns. Oder besser gesagt: erst nachdem er längere Zeit nicht mehr erschienen war, kam ich auf jenen Gedanken. Es fiel mir dann noch vieles ein, ihn herauszufordern, so etwa, ihn einfach anzusprechen oder ihn, wenn er mich musterte, zu fragen, ob er etwas von mir wünsche, doch ich kam, wie gesagt, nicht mehr dazu, und sollte er noch einmal erscheinen, werde ich es wahrscheinlich doch nicht tun.

Übrigens traf ich ihn kürzlich auf der Straße. Ich ging zu einer Sitzung des Verbandes der Freunde ästhetischer Forschung, um meine erwähnte Schrift über Formnotwendigkeiten zu verteidigen (was mir, nebenbei gesagt, gar nicht gelang; ich wurde zu meiner Verblüffung, ich hatte wirklich nicht damit gerechnet, als Träger einer recht bedenklichen Fehleinschätzung der deutschen Barockdichtung[3] verurteilt), da fuhr er in einer schwarzen Limousine die Allee herunter, die ich hinaufging. Ich erkannte ihn sofort: Der Längere fuhr, der Kürzere saß auf dem Beifahrerplatz und der Wollige wie in der Sauna hinter den beiden, und die Blicke der kugelrunden Augen sprangen musternd über den Bürgersteig. Nun fielen sie auch auf mich, und er schien mich tatsächlich zu erkennen; er lächelte ein wenig, ganz flüchtig natürlich, der Anflug eines Lächelns nur, aber doch eines Lächelns, und dann nickte er mir auch wohlwollend zu, doch da hob sich der Wagen schon vom Straßenbelag und fuhr, in eine leichte Serpentine schwenkend, in langsam stetigem Steigen direkt durch die Luft in ein lautlos von innen sich öffnendes Fenster eines fünften oder sechsten Stockes des Hochhauses am Markte, das sich lautlos und leicht wie ein Schmetterlingsflügel hinter dem Entrückten wieder schloß.

1 *Timbre (frz.):* Klangfarbe der Stimme
2 *Prädestination:* Vorherbestimmung
3 *Barock:* europäische Kunstepoche zwischen 1600 und 1750, die durch reiche Formen und den Gedanken der Verschmelzung der Künste bestimmt war

Willi Sitte Vor der Sauna (Grafik, 1984)

Arbeitsanregungen

1. *Analysiert die Struktur des Textes. Fertigt eine Skizze an, die die Gliederung in sinnvolle Textabschnitte verdeutlicht.*
2. *Welcher Erzählperspektive bedient sich Fühmann?*
   In welchem Verhältnis steht der Erzähler zu den drei merkwürdigen Männern?
3. *Willi Sitte, ein bekannter Künstler der DDR, schuf 1984 die Grafik „Vor der Sauna". Obwohl Fühmann und Sitte naturgemäß mit unterschiedlichen künstlerischen Mitteln arbeiten, lassen sich Bezüge zwischen Text und Bild herstellen.*
   - *Welche der genau dargestellten Beobachtungen des Erzählers werden durch die Grafik vertieft?*
   - *Welche Anregungen zu einer veränderten Textbetrachtung erhaltet ihr durch die Grafik? Stützt eure Überlegungen mit entsprechenden Textstellen.*

4. *Der Leser erfährt nie, um wen es sich bei den drei Männern eigentlich handelt. Dennoch steigt allmählich eine Ahnung von der gesellschaftlichen Position des Mittfünfzigers und vom Abhängigkeitsverhältnis seiner beiden Begleiter auf.*
   - *Sucht solche Indizien für Stellung und Funktion der drei aus dem Text heraus.*
   - *Überlegt, um was für Männer es sich wohl handeln mag. Denkt dabei an die gesellschaftliche Hierarchie in der DDR.*
   - *Denkt euch über die Erzählung hinausführende Einzelheiten zum Tätigkeitsfeld und zur Stellung der drei aus. Fertigt dazu schriftlich an:*
     - *eine Beschreibung oder*
     - *einen Bericht über einen Tag im Arbeitsleben dieser Leute oder*
     - *ein Porträt des Wolligen oder*
     - *eine Detektivgeschichte, in der der Erzähler einiges ermittelt.*
   - *Weshalb gehen diese Leute in eine öffentliche Sauna?*
5. *Prüft, wie sich die anderen Saunabesucher in Anwesenheit der drei verhalten. Wie bewertet ihr dieses Verhalten?*
6. *Versucht, den vom Wolligen zum besten gegebenen Witz selbst zu erzählen. Worin besteht seine Pointe? Warum verpufft die Wirkung des Witzes? Bedenkt bei der Antwort die Beziehung und das bisherige Verhalten der drei gegenüber den anderen Saunabesuchern.*
7. *Wie versteht ihr den vom Erzähler nicht mehr erwarteten Besuch der drei Männer nach der mißglückten „Annäherung" und die Reaktionen auf den bisher gar nicht so ungewöhnlichen Thermometerstand von 74 °C?*
8. *Die beinahe naturalistisch angelegte Erzählung endet überraschend mit einer phantastischen Vision. Wie deutet ihr diesen Schluß?*
9. *Woraus könnt ihr schließen, daß sich diese Geschichte auf die DDR bezieht? Inwieweit enthüllt sie darüber hinaus auch menschliche Beziehungen und gesellschaftliche Verhältnisse, wie sie überall auf der Welt zu finden sind?*

Günther Rücker

Günther Rücker wurde am 2.2.1924 in Reichenberg (heute Liberec, Tschechische Republik) geboren. Er legte 1942 das Notabitur ab, war bis 1945 Soldat und studierte von 1947 bis 1949 an der Leipziger Schauspielschule. In der DDR zählte er zu den erfolgreichsten Hörspiel- und Filmautoren.

An individuelle Schicksale gebundene Stoffe und Themen gewann er aus den Widersprüchen der Geschichte, des DDR-Alltags, aber auch aus den internationalen politischen Konfrontationen. Seit Mitte der achtziger Jahre erreichte er auch mit Erzählungen ein breiteres Publikum („Herr von Oe"/„Hilde, das Dienstmädchen", 1984; „Anton Popper und andere Erzählungen", 1985).

Günther Rücker Eine Geschichte aus dem mittleren Thüringen

Im mittleren Teil Thüringens liegen, an den sanften Hängen zweier sich lang hinziehender Berge, die Gemeinden B. und K., keine größer als drei Gastwirtschaften und 250 Hausbesitzer. Wer ein sehr gutes Fernglas besitzt, kann aus der einen Gemeinde die Leute der anderen bei ihren täglichen Arbeiten auf Straßen, Wiesen und Höfen beobachten. In der Gemeinde B. tauchte kurz nach dem Krieg ein junger Mann auf, der den Schulunterricht wieder in Gang brachte und später mit allerlei Funktionen in Schule, Gemeinde und Kreis betraut wurde. Man nannte ihn Alfred den Lehrer, seine Frau hieß Elfriede die Lehrersfrau. Er hatte sie in der gegenüberliegenden Gemeinde bei Versammlungen der neuen Einheitspartei[1] kennengelernt und sie, als sie sich schwanger fühlte, dem Appell zu neuer und ordentlicher Lebensweise folgend, geheiratet. Es war, so lange sich die Leute erinnern konnten, zum erstenmal, daß einer aus der Gemeinde B. eine aus der Gemeinde K. geheiratet hatte. In der letzten Minute der Nacht, mit der das fünfte Nachkriegsjahr endete, wurde ihnen ein Sohn geboren. Glockenschlag zwölf begann das Erdenleben des Sohnes Uwe. Der Knabe wuchs in der milden Natur Thüringens unter der liebenden Sorge der Eltern auf. Seine Schulzeugnisse waren von der ersten Klasse an die besten, das Abitur legte er mit Auszeichnung ab. Er war noch nicht achtzehn Jahre und schon im Besitz der verschiedensten Medaillen und Auszeichnungen. Sein Wunsch war es, Lehrer zu werden wie sein Vater. Er meldete sich für drei Jahre zur Armee, erreichte dort den für ihn erreichbaren Dienstgrad und Medaillen in großer Zahl. Das Geld, das ihm während der drei Jahre die Armee auszahlte, sparte er, dazu kamen Vaters Prämien[2] und Erspartes von der Mutter, so daß ihm nach seiner Rückkehr für das Studium eine ausreichende Summe Geldes zur Verfügung stand. Das Studium absolvierte er in einer Thüringer Universitätsstadt. Seine Geburtstage verbrachte er Jahr für Jahr im Hause seiner Eltern. Niemals suchte er eine der allerorten angekündigten und empfohlenen Feiern zum Jahreswechsel auf. Der Mutter und des Vaters Glück – das war ihr Sohn Uwe. In dem Jahr, in welchem er sein Studium abschloß, betrat er am Morgen seines Geburtstages das Elternhaus an der Seite eines freundlichen gleichaltrigen Mädchens. Er stellte es seinen Eltern vor als die Frau, mit der er sein Leben zu verbringen gedenke. Er hatte Elfie während des Studiums kennengelernt, sie wolle Lehrer werden wie er und komme, was die Eltern ebenso überraschte wie erfreute, wie Uwes Mutter aus der Gemeinde K. Die Eltern der beiden lernten sich bei Besuch und Gegenbesuch kennen. Es stellte sich heraus, daß die Väter schon seit vielen Jahren aus der Arbeit in den verschiedensten Gremien[3] und Vereinigungen voneinander gehört hatten und der eine so dem anderen nicht fremd war. Noch vor Ende des Studiums

1 *die neue Einheitspartei:* 1946 entstand in der sowjetischen Besatzungszone durch die Vereinigung von KPD und SPD die SED (Sozialistische Einheitspartei Deutschlands).

2 *Prämie:* in der DDR für gute Leistungen bzw. zur Motivierung der Arbeitenden neben dem Gehalt zusätzlich ausgezahlte Vergütung

3 *Gremien (Sg. Gremium):* Körperschaft, (beratende) Gemeinschaft, Kommission

brachten die Kinder die frohe Botschaft ins Haus, daß sie eine gemeinsame Lehrerstelle in der Kreisstadt, nicht weiter als eine halbe Stunde von den Gemeinden B. und K. entfernt, antreten können, wo sogar eine geräumige Dienstwohnung zur Verfügung stand, allerdings nur für Ehepaare bestimmt. Das brachte die zwei zu dem schnellen Entschluß, so bald wie möglich zu heiraten. Mehr aus Spaß an der Sache als aus Tradition schob man vor die Hochzeit noch eine Verlobung, ohne Feierlichkeiten, mehr nur eine öffentliche Verkündigung, daß man sich das Wort gegeben habe. Ein heiteres Fest mit Bier und Sekt und Kaffee und Kuchen. Es dauerte länger, als man vorgesehen hatte. Der Kreis der Gratulanten wuchs, je tiefer es in die Nacht ging, und Uwes Vater stieg in den Keller und holte vom Selbstgebrannten und Eingemachten. Die Gäste tranken zügig, stießen an, schnalzten mit der Zunge, versicherten einander, daß Holunderwein, Weizenkorn und Apfelgeist vorzüglich gelungen seien, hielten die Gläser gegen das Licht und sagten kennerisch, das ließe sich trinken. Der Keller bot immer neue Schätze, und es wurde eine lange und fröhliche Nacht.

Die Hochzeit wurde wenige Wochen später zwei Tage lang bei den Eltern Uwes in B. und zwei Tage lang bei den Eltern Elfies in K. gefeiert. Die Orte nahmen herzlichen Anteil. Ein Junges war flügge geworden, man freute sich, ihm beim ersten Flug zusehen zu können. Viele der Gremien, in denen die Väter arbeiteten, schickten ihre Vertreter, Arbeitsgruppen und Institutionen ließen es sich nicht nehmen, mit Dienstautos vorzufahren, und so wurde, je mehr Gäste sich einfanden, die Stimmung immer fröhlicher und lauter. Eine kleine Szene, am Beginn geschehen und von wenigen nur bemerkt, war schnell vergessen. Als die Mutter des Bräutigams vor Beginn der Feier in K. den Gastsaal betrat, standen auf allen Tischen in Vasen und Väschen Kunströslein, gelb, rot und weiß, in haltbaren Farben, aus Plaste[1] und synthetischem Stoff hergestellt. Sie hielt dies für ein geschmackloses Versehen der Gastwirtschaft, entfernte die Kunstblumen und ersetzte sie durch frisch geschnittene Blüten, die sie aus eigenem Garten in reicher Menge mitgebracht hatte. Die Mutter der Braut kam hinzu und erhob Einspruch und bestand auf ihren Kunstblumen. Die Väter beruhigten den aufkommenden Streit. Der Vater der Braut erklärte den Wunsch seiner Frau damit, daß Elfie Rosen über alles liebe und die Mutter, da keine Rosen weit und breit aufzutreiben gewesen seien, dem Wunsch des Kindes in dieser Weise nachkommen wolle. So lagen also um Besteck und Teller der Braut künstliche Rosen, während der Platz des Bräutigams mit Gartenblüten umgeben war.

Nach der Hochzeit zogen Elfie und Uwe ins geräumige Haus der Lehrersleute in B., nichts sehnlicher herbeiwünschend als den Tag des Arbeitsbeginns in ihrer ersten Lehrerstelle im neuen Ort. Um alle Angelegenheiten, die mit Arbeit und Wohnung dort zusammenhingen, zu klären, fuhren die beiden mit dem Motorrad zur Besichtigung. Alles fiel zu ihrer größten Zufriedenheit aus; vieles sogar noch besser, als sie es erwartet hatten. Der Tag des Einzugs wurde festgelegt, und man verabschiedete sich vom Direktor der künftigen Arbeitsstelle mit Handschlag und guter Dinge. Zur

1 *Plaste:* Kunststoffe

Feier des Tages besuchten die beiden die Stadtkonditorei, welche weithin in der Umgebung den Ruf eines zwar teuren, aber erstklassigen Lokals genoß, leisteten sich das Beste vom Besten mit Mokka, Schlagsahne und Kremtorte. Stiegen dann, es war bereits dunkel geworden, auf ihr Motorrad und fuhren mit hochgestimmten Gefühlen zurück, den Eltern die angenehme Nachricht zu bringen. Vielleicht fuhr der junge Mann in der Vorfreude auf das künftige Glück ein bißchen schneller als sonst. Vielleicht dachten er und die junge Frau an das Kommende mehr als an das Gegenwärtige. Der Lastkraftwagen, auf den sie, ohne auch nur eine Sekunde die Geschwindigkeit zu vermindern, auffuhren, stand unbeleuchtet und gegen alle Vernunft mitten auf der Landstraße. Für die beiden kam jede Hilfe zu spät.

Die Eltern kamen überein, die Urnen der beiden jungen Toten auf dem Bergfriedhof in B. beizusetzen. Der Zug der Trauergäste war lang. Noch nie, erinnerten sich die Bewohner von B., hatte es einen so eindrucksvollen und personenreichen Trauerzug in der Gemeinde gegeben. Schulfreunde, Lehrer, Studienkollegen, die Genossen[1] aus der Kreisstadt, die Vertreter der Schule und der Gemeinde kamen und begleiteten die beiden jungen Leute zu ihrem Grab. Als sich die Menge auf den Heimweg begeben hatte, setzten sich die Eltern der Toten um den Tisch, an dem sie noch vor kurzer Zeit anläßlich Verlobung und Hochzeit gesessen hatten. Der Vater Uwes stieg in den Keller, holte vom Selbstgebrannten, mit dem man die beiden Freudenfeste so heiter und beschwingt gefeiert hatte. Man trank mit schweren Herzen und nassen Augen und erinnerte sich an glücklichere Zeiten. Und so tranken sie, bis das Leben mit seinen Problemen in die Gespräche einzufließen begann, und tranken bis tief in die Nacht aus Furcht vor dem, was kommen würde, und vor dem Alleinsein mit der Erinnerung an die jungen toten Leute. Als die Eltern des Mädchens aufbrechen wollten, seufzte Elfies Mutter, als wäre ihr soeben der Gedanke gekommen, es sei eben seit alters her und wahrscheinlich aus gutem Grund üblich, daß die aus B. ihre Ehepartner nicht aus K. nahmen. Uwes Mutter wollte ihr antworten, aber Alfred der Lehrer gab dem Gedanken seine Zustimmung, er halte es für durchaus verständlich, daß der Mensch jedem unbegreiflichen Tod eine Ursache und tiefere Begründung zu geben bemüht sei. Das sei offenbar das Bündnis, das die Vernunft mit dem Geheimnis des Todes eingegangen sei, um mit der Bitternis ewiger Trennung fertig zu werden und den Elementen des Sinnlosen wenigstens das Molekül[2] einer begreifbaren Ursache abzugewinnen. Man schwieg und schied.

Das Grab der Kinder war immer übersät mit frischen Blumen, geschnitten im Garten des Lehrerhauses, auf den Wiesen der Umgebung, wo Vater und Sohn einst nach Wanderungen geruht und von wo sie der Mutter Blumensträuße oder Blütenzweige mitgebracht hatten. Die Mutter sähte Blumensamen und brachte Blütenzwiebeln in die Erde zu keinem anderen Zweck, als immer neue Blumen aufs Grab der Kinder zu legen und so wenigstens ein Stück täglicher Lebensarbeit mit den lie-

1 *Genossen:* Mitglieder der SED; hier: leitende Funktionäre der SED
2 *Molekül:* kleine chemische Einheit; hier: Ansatz oder Versuch, eine irgendwie begreifbare Ursache für den sinnlosen Tod zu suchen

ben Toten zu verbinden. Manchmal schrieben sich die Familien Briefe, die Väter sahen sich in den Gruppenversammlungen der Gremien in der Kreisstadt, in die sie, als ihre Kinder Freundschaft schlossen, sich gern gemeinsam hatten wählen lassen. Sie saßen nebeneinander, ein Blick, ein Wort gaben Mut und Trost.

Da kam eines Tages ein Brief der Eltern in K. ins Haus der Lehrersleute in B. Die Mutter des toten Mädchens teilte den Eltern des toten Jungen mit, daß sie den Totenschein der Kinder noch einmal, und jetzt erst genauer, gelesen und dabei festgestellt habe, daß der Tod ihrer Tochter Elfie fünfunddreißig Minuten nach dem Tode des Sohnes Uwe eingetreten sei. Danach aber sei Elfie die rechtmäßige Erbin Uwes, und als Mutter bestehe die Endesgefertigte[1] darauf, daß die gesetzlich festgelegte Erbfolge eingehalten werde. Die Ratlosigkeit bei Alfred dem Lehrer und Elfriede der Lehrersfrau in B. war groß. Alfred fragte bei Elfies Mutter in K. an, wie sie die Sache verstanden wissen wolle. Nun, schrieb sie zurück, es sei ihr bekannt, daß Uwe zum Beispiel während seiner dreijährigen Dienstzeit alle Einkünfte auf ein Sparbuch eingezahlt habe, auf welches auch Alfreds, des Vaters, Überweisungen erfolgt seien. Und wenn alles in allem auch nicht mehr als etwa achttausend Mark herauskämen, so sei das doch, wie immer man die Sache auch sehe, das Erbe des früher verstorbenen Ehemanns an seine Witwe, und sie als Mutter sei die einzige, die der toten Tochter zu ihrem Recht verhelfen könne, und sie bitte um Rückäußerung. Im übrigen geschehe alles allein aus Liebe zu ihrer so früh aus dem Leben gebrachten Tochter und um dem Gesetz Genüge zu tun, womit sie auch im Sinne der Lehrereltern in B. handle.

Alfred der Lehrer wartete, bis er bei einer Parteiaktivsitzung[2] in der Kreisstadt Elfies Vater traf, und fragte ihn, was er von der Angelegenheit halte. Der aber winkte ab und meinte, das habe seine Frau auf eigene Faust in Szene gesetzt. Man schied mit beruhigenden Worten. Doch schon kurze Zeit danach kam der nächste Brief, und der trug bereits auch die Unterschrift des Vaters der Verunglückten. Alfred schrieb zurück, aber der Vater in K. antwortete nicht. Es folgte ein dritter drängender Brief, und der nächste kam bereits von einem Rechtsanwalt. Die Gremien, denen die Väter angehörten, wunderten sich über das Ausbleiben der noch vor kurzem so herzlich Verbundenen, dann erkundigte man sich, erfuhr ungläubig, was vor sich ging, versuchte zu klären, aber die Sache war zum Betrübnis aller, die sich mit den beiden Familien verbunden fühlten, mit Vernunft und Einsicht nicht mehr aus der Welt zu schaffen.

Das allen Unbegreifbare aber geschah auf dem Bergfriedhof zu B. Dort nämlich fand Alfred der Lehrer eines Tages auf dem Grab der Kinder nicht mehr seine frischen Schnittblumen vor, sondern Kunststoffrosen aus Plast und synthetischem Material. Er räumte die haltbare Pracht vom Grab und bestreute den ihm heiligen Erdenfleck mit frischen Blumen und Blüten. Wie staunte er, als er am nächsten Tag wieder Kunstblumen auf dem Grab und seine Blumen im Abfallhaufen des Friedhofs fand. Von diesem Tag an begann ein Blumenkrieg über dem Grab des Bergfriedhofs. Beide

1 *Endesgefertigte:* die Schreiberin des Briefes, die Unterzeichnende (Juristendeutsch)
2 *Parteiaktiv:* hier: Gruppe führender Funktionäre der SED im Kreis

Seiten, mit Ferngläsern bewehrt, hielten Ausschau nach dem Gegner. Kaum war der günstigste Augenblick gekommen, ging man ans Werk. Eine gewisse Ruhe trat ein, als die eine Seite, man konnte nachher nicht genau feststellen, welche es gewesen war, nur die eigene Hälfte der Urnenstelle mit Blumen bedeckte und die andere der gegnerischen Familie zur Verfügung beließ. Da der Lehrer Alfred seinem Sohn Uwe jeden Tag Blumen brachte, die andere Familie aber der weiteren Anfahrt wegen den regelmäßigen Blumenwechsel nicht durchhielt, verschmutzten nach Regen und Wettern die künstlichen Blumen und sahen elend und unwürdig aus. Da legte Alfred der Lehrer seine frischen Blumen auf die Gesamtfläche des Grabes und hoffte, daß einige Zeit vergehen werde, bis wieder künstliche Rosen Elfriedes Grab bedeckten. Aber die Mutter in K. war unnachgiebig und gut zu Fuß. Inzwischen gingen Amtsbriefe von B. nach K. und von K. nach B. In den Gremien und den Aktiven ihrer Partei saßen die Väter an verschiedenen Ende des Versammlungstisches, und manche Diskussion zog sich ohne einen anderen Grund in die Länge als den, daß die beiden bis zuletzt auf Standpunkt und Prinzip beharrten, wenn Standpunkt und Prinzip nur denen des anderen entgegengesetzt waren. Ihre Kollegen und Genossen schämten sich des Vorgangs, aber je länger der Zustand dauerte, desto mehr schwand die Hoffnung, ein Ende durch Ermüdung oder Überdruß erwarten zu können. Und sollte jemand ein gutes Ende erhofft haben, gab auch dieser die letzte Hoffnung auf, als die Mutter in K. die Sache dem Gericht als Privatklage übergab und Alfred dem Lehrer und Elfriede der Lehrersfrau der Gerichtsbeschluß zugestellt wurde, die Urne der Tochter aus dem Grabe in B. zu entfernen und auf dem Friedhof in K. in die Erde zu bringen.

Der halbe Ort versammelte sich auf dem Friedhof. Die Neugierigen wurden hinter eine gesetzlich vorgeschriebene Linie gewiesen, die amtlichen Vertreter standen nahe dem Grabe, neben den familiär Beteiligten. Der Spaten wurde angesetzt. Auf dem Friedhof war es totenstill. Als die erste Urne zum Vorschein kam und, hochgehalten, als die des Lehrersohnes identifiziert wurde, sank Elfriede die Lehrersfrau bewußtlos zu Boden. Ihr Zustand verlangte, sie auf schnellstem Wege zu einem Arzt zu bringen. Da niemand auf eine solche Situation eingerichtet war, blieb kein anderer Ausweg, als sie mit dem kleinen Lieferwagen, der zum Transport der Urne bereitgestellt war, ins nächste Krankenhaus zu bringen. Dort stellte sich heraus, daß ein Herzschaden, von dem die Frau zwar gewußt, den sie aber nie hatte behandeln lassen, eine Operation sofort notwendig machte. Aber noch ehe sie den Operationssaal erreichte, setzte ihr Herz aus.

So wurde in die nun freie Grabseite die Urne der Mutter neben die ihres Sohnes gesenkt. Tag für Tag ging der Lehrer mit Blumen zum Grab, pflanzte, harkte und setzte sich, da er jetzt schneller ermüdete als noch vor einiger Zeit, neben das Grab auf die Erde, denn die Grabstelle war zu klein, als daß er hätte eine Bank aufstellen können. Er saß dann in Gedanken versunken, und wer ihn dort sitzen sah, fühlte Mitleid, manche auch Furcht. Die Eltern der toten Elfie wurden still, zogen die Klage zurück und beendeten den lebenszerstörenden Krieg.

Es war Sommer, der Herbst kam mit schweren herben Blumen und farbigem Laub und den letzten Astern in Lila und rötlichem Braun. Dann wurde es Winter, Schnee fiel, die Gräber des kleinen Gebirgsfriedhofs versanken unter weißen Hügeln. Es kam Weihnachten mit seinen Kerzen und Erinnerungen und Einsamkeiten. Viele luden den einsam gewordenen Lehrer ein, er aber lehnte dankend ab und saß allein in seinem Haus. Er saß bei Tische und trank, bis er einschlief, und trank dann Tag und Nacht hindurch bis zum Geburtstag seines Sohnes. Da heizte er alle Stuben und schaltete alle Lichter ein, als erwarte er Besuch. Er stellte die Bilder des Sohnes und der Frau und der Schwiegertochter vor sich hin, trank vom Selbstgebrannten und gedachte der Jahre, die sie gemeinsam gelebt hatten, und der Jahre an der Seite seiner Frau, der Nacht, in der er den Sohn zeugte, des Tages der Geburt des Kindes und wie er zu dem Verunglückten gerufen wurde und wie man ihm den Toten nicht zeigte aus Furcht, er könnte den Verstand verlieren beim Anblick des entstellten Körpers. Der Holunderwein brachte ihm Wärme in den Leib, er sang Lieder aus der Kindheit vor sich hin, und als Schmerz und Wunsch stark genug waren, trieben sie ihn, den Mantel zu holen, die Mütze aufzusetzen und sich auf den Weg zum Grabe seiner beiden liebsten Menschen zu begeben. Der Weg war lang und beschwerlich. Er fiel oft zu Boden, die Beine schlugen wie von selbst aus, die Füße fanden auf dem Schnee nur schwer einen Halt. Auch bereitete ihm das Aufstehen immer mehr Schwierigkeiten. In den Händen hielt er die Bilder, und er wollte das Glas nicht beschädigen. Erst als er beim Friedhof angelangt war und den niedrigen Zaun überstiegen hatte, fühlte er sich besser. Wie immer säuberte er das Grab, machte es frei von Schnee und Eis, und wie immer ruhte er sich nach getaner Arbeit ein wenig aus. Er setzte sich, sprach mit seiner Frau und seinem Sohn und küßte die Mutter seines einzigen Uwe und legte seinen Kopf in ihren Schoß. Da fühlte er sich leicht werden und rückte näher an sie in leisem, vertrautem Gespräch.

Kinder, die am Neujahrstag mit Schlitten und Hutschen[1] den Friedhofsberg erstiegen, fanden ihn.

Arbeitsanregungen

1. *Welche Erwartungen hat der Titel der Erzählung in euch geweckt? Warum hat der Autor sich wohl für ihn entschieden?*
2. *Günther Rücker erfaßt mit seiner Erzählung einen Zeitraum von rund 35 Jahren. Welcher Erzähltechnik bedient er sich bei der Zeitdarstellung?*
   Veranschaulicht eure Textanalyse an einem Zeitstrahl, in den ihr wichtige Ereignisse aus dem Leben der Familie Alfreds eintragt.

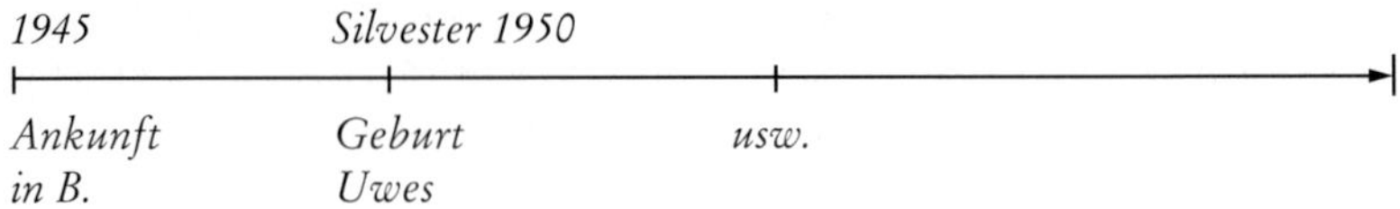

1 *Hutsche:* Fußbank, mit nach unten gelegter Sitzfläche, von den Kindern zum Schlittenfahren benutzt

3. *Welches sind die entscheidenden Wendepunkte in der Erzählung? Begründet eure Überlegungen.*
4. *Mit dem Tode der beiden jungen Leute setzt bei den Eltern ein tiefes Nachdenken über das Leben und das Schicksal ein. Dem Leser wird dabei besonders der Lehrer Alfred nahegebracht. Teilt euch in drei Arbeitsgruppen auf, und erfindet drei Texte, die der Lehrer zu unterschiedlichen Zeiten hätte schreiben können:*
   - *eine Rede am Tage der Hochzeit des Sohnes,*
   - *ein Brief an nahe Verwandte nach dem Tode des Sohnes,*
   - *skizzenhafte Tagebuchnotizen während seines letzten Weihnachtsfestes.*
5. *Die Eltern der jungen Frau Elfie sind mit der DDR gewachsen, und im Sinne sozialistischer Moralnormen erzogen worden. Der Vater nimmt zudem engagiert am politischen Leben teil. Nach dem Tode der Tochter begründet die Frau auf juristisch-moralischer Ebene ihren Erbanspruch, ihr Mann stimmt ihr offensichtlich zunächst nicht zu. Versetzt euch in die Gedanken der beiden, schreibt einen Dialog über ihr Gespräch bzw. über ihre Auseinandersetzung zum Problem des Erbanspruchs, und spielt die kleine Szene.*
6. *Wie wird uns die Geschichte erzählt (vgl. auch Arbeitsanregung 2)? Untersucht an ausgewählten Textstellen Günther Rückers Erzählweise. Warum hat er sich wohl für eine solche Darstellung entschieden?*
7. *In der Geschichte spielen einige Motive und Symbole eine wichtige Rolle. Findet sie heraus, und erläutert ihre Bedeutung für die Charakterisierung der Figuren und damit für den Handlungsverlauf.*
8. *Der Schriftsteller greift mit der Geschichte verfeindeter Dörfer bzw. Familien einen alten Stoff aus der Literatur wieder auf. Er siedelt ihn aber in einer Zeit und in einem Land an, wo Habgier, Egoismus und niedere Feindlichkeit ausgerottet werden sollten und schon ausgerottet schienen.*
   - *Wie bewertet ihr Rückers künstlerische Entscheidung?*
   - *Prüft, ob mit dem Ende der DDR der Text seine Bedeutung verloren hat.*

Hermann Kant

Der am 14. 6. 1926 in Hamburg geborene Hermann Kant war nach Elektrikerlehre und kurzer Kriegsteilnahme bis 1949 in polnischer Kriegsgefangenschaft. Bereits dort, aber vor allem an der studienvorbereitenden Arbeiter-und-Bauern-Fakultät der Greifswalder Universität nahm er eine engagierte antifaschistische und sozialistische Entwicklung. Dem Germanistikstudium in Berlin (1952 – 1956) folgten Tätigkeiten als wissenschaftlicher Assistent und Journalist.

Kants 1964 im Vorabdruck erschienener stark autobiographischer Roman „Die Aula" über den beeindruckenden akademischen Bildungsgang junger Werktätiger in der DDR machte ihn sehr schnell bekannt. Weitere durch ihre moderne Erzähltechnik geprägte Romane („Das Impressum", 1972; „Der Aufenthalt", 1976), Erzählbände („Ein bißchen Südsee", 1962; „Eine Übertretung", 1975; „Der dritte Nagel", 1981; „Bronzezeit", 1986) sowie essayistische und kulturpolitische Texte folgten.

Kant gehört zu den Autoren der DDR, die seit den 60er Jahren kritische Fragen gestellt haben; immer aber blieb er in seiner Grundaussage der gesellschaftlichen Entwicklung der DDR verbunden und damit in seiner Kritik halbherzig. Als langjähriger Präsident des Schriftstellerverbandes zeichnete Hermann Kant mitverantwortlich für die politische und kulturpolitische Lenkung des Literaturprozesses in der DDR.

Sein autobiographischer Rückblick „Abspann" (1992) fand geringe Resonanz und kritische Aufnahme.

Hermann Kant Krönungstag

Ich saß auf dem Dach und konnte alles genau sehen: die vier verstaubten Männer in der Buchenlaube, meine Mutter und die Frau mit der Ziege, meine kleine Schwester Alida hinter dem Schattenmorellenspalier[1], den Festzug mit Blumen und Fahnen in der kleinen sandigen Straße und Judith, die Königin.

Die Königin stand ganz allein auf dem sauber geharkten Weg zwischen dem Steingarten und der Dahlienreihe. Sie wartete auf den König.

Ich hatte nie gewußt, daß Judith hübsch war, aber jetzt sah ich es. Gewiß, sie war so mager, wie nur Mädchen kurz vor der Konfirmation sein können, und ihre Augen waren vom Weinen gerötet, aber dennoch war sie hübsch oder sogar schön. Sicher war einiges davon dem weißen Kleid und den neuen blanken Schuhen und dem Nelkenkranz im Haar zu danken, aber schließlich saß der Kranz auf vollen braunen Locken, und in den zierlichen Schuhen steckten zierliche Füße, und das weiße Leinenkleid wäre nichts gewesen ohne die dünnen, aber golden schimmernden Arme und Beine Judiths. Sie stand schmal und allein auf dem Gartenweg und blickte dem König entgegen.

Die Leute im Festzug waren ruhig geworden und sahen neugierig über die Ligusterhecke[2] in unseren Garten. Mochten sie nur! Da war jetzt alles in Ordnung. Die Blumenkästen unter den Fenstern glänzten in frischem Weiß, der Rhododendronbusch[3] verbarg mit rosig leuchtenden Blüten die rostige Regentonne, auf dem Weg lag kein Stein mehr, niemand konnte meinen Vater und die anderen Männer oder die Frauen mit der Ziege sehen, und keiner sah den empörend strubbeligen Kopf meiner kleinen Schwester Alida hinter dem Kirschenspalier. Es war alles in Ordnung – bis auf den dünnen Faden Heu vielleicht, der in dem Heckenrosenbogen über der Pforte hing und leise im Winde schaukelte.

Aber außer mir sah das niemand. Die Blicke der Leute ruhten auf Judith, die erlöst und erwartend zugleich vor der offenen Haustür stand, und auf dem König, der aus der Kutsche geklettert war und durch den Rosenbogen unseren Garten betrat.

Er war keine fünf Minuten zu früh gekommen.

1 *Schattenmorellenspalier:* Sauerkirschbäume, durch Lattengerüste geformt
2 *Ligusterhecke:* häufige Heckenart, auch Rainweide genannt
3 *Rhododendronbusch:* immergrüner Zierstrauch mit ledrigen Blättern und großen Blüten, auch Alpenrose genannt

Der Tag hatte eigentlich wie alle anderen begonnen. Schön, wir Kinder waren aufgeregt – für uns war dieser Tag keineswegs wie jeder andere –, aber für meine Eltern begann er, wie ein Tag eben beginnt, wenn der Mann um sieben zur Arbeit fahren muß und im Stall ein Haufen Viehzeug nach Futter verlangt.

So war es jeden Morgen: Meine Mutter klapperte mit Tassen und Tellern und fragte sich laut, wo sie denn wieder den Malzkaffee gelassen habe, und beschwichtigte den Pfeifkessel mit ihrem allmorgendlichen „Jaja, ich komm ja schon!“, und mein Vater erklärte unserer Ziege, die sich wieder einmal nicht melken lassen wollte, sie sei ein „ganz obstinates[1] Beest“. Dann pumpte mein Vater mit einer schrecklich quietschenden Pumpe Luft in die brüchigen Schläuche seines alten Fahrrades. Er tat das jeden Morgen, und jeden Morgen pfiff er „La Paloma“[2] dazu. Die rostige Pumpe war musikalischer als er.

Wenn meine Mutter ihm die Tasche mit dem Mittagbrot und einer Blechflasche voll Kaffee an das Fahrrad gehängt hatte, fuhr er zur Arbeit, jedoch nie, ohne sich an der Gartenpforte noch einmal umzudrehen und meiner Mutter „Tschüs, Lowise!“ zuzurufen. Er wußte ganz genau, daß sie sich darüber ärgerte, denn sie hieß ja nicht Lowise, sondern Luise.

Wenn mein Vater fort war, klopfte meine Mutter an die Schlafstubentür und fragte, ob sie es vielleicht noch einmal tun solle. So war es auch an diesem Tag gewesen, mit dem einen Unterschied nur, daß wir diesmal ungeduldig auf die Aufforderung „endlich und ein bißchen dalli“ aufzustehen, gewartet hatten.

Denn – wie gesagt – für uns war dieser Tag ein besonderer. Heute war „Kinnergreun“, was hochdeutsch „Kindergrün“ heißt und bei uns in Hamburg der Name für das alle Jahre wiederkehrende Schulfest ist.

Kinnergreun war fast so schön wie Weihnachten, es gab Umzüge und einen Ball und Waldmeisterlimonade; Kinnergreun war schöner als Pfingsten, wo es nur neue Socken und keine Limonade gab.

An diesem Tag gingen wir gern in die Schule, wurden doch an Stelle der Kenntnis aller Ereignisse beim Gang nach Canossa[3] und der atemlosen Beherrschung von Schillers „Glocke“[4] Leistungen in Sackhüpfen, Eierlaufen und Tauziehen verlangt. Die Meister in diesen Sportarten wurden Könige geheißen und als solche reich beschenkt.

Nicht, daß wir an diesem Morgen gehofft hätten, am Mittag als gekrönte Häupter zurückzukehren. Daran war ja nicht zu denken – ausgerechnet wir! Aber der Spaß war uns auch so sicher.

1 *obstinat:* halsstarrig, eigensinig, widerspenstig
2 *„La Paloma“:* Lied von der „weißen Möwe“, ein weit verbreiteter Seemansschlager
3 *Gang nach Canossa:* Bußgang des deutschen Kaisers Heinrich IV. in das italienische Canossa (1077); Stoff des Geschichtsunterrichts
4 *Schillers „Glocke“:* von Generationen deutscher Schüler auswendig gelerntes, sehr langes Gedicht Friedrich Schillers (1759 – 1806)

Die beiden Mädchen wollten ihre neuen Kleider schon am Vormittag anziehen – meine Mutter erledigte das mit einer Handbewegung. Immerhin erreichte Alida einen Teilerfolg, als ihr „das Rote“ genehmigt wurde. Das Rote war ein Dirndlkleid und eigentlich auch nur „für gut“, aber Alida kam mit meiner Mutter eben immer am weitesten. Einmal, weil sie die Jüngste war, und zum anderen ihres Namens wegen. Um diesen Namen hatte es mächtige Kämpfe zwischen meinen Eltern gegeben. Mein Vater, der bei Judith einmal klein beigegeben hatte, war gegen eine so überkandidelte Bezeichnung wie Alida gewesen – „So heißen Herdbuchkühe[1] oder welche vom Kintopp!“ –, aber gegen meine Mutter, die gesagt hatte, die Namen ihrer Kinder sei der einzige Luxus, den sie sich leisten könne, war er nicht aufgekommen. Nur bei mir hatte er sich durchgesetzt.

In der Schule ging es schon hoch her, als wir ankamen. Die Sackhüpfbahn war mit bunten Fähnchen abgesteckt, in der Mitte des Hofes hatten sie einen Klettermast aufgestellt, und an der Turnhalle standen bunte Buden.

Der Kampf um die Königswürde in meiner Klasse wurde mit Lederbällen ausgetragen, die einer riesigen Pappfigur in den gewaltigen Rachen zu werfen waren. Ich hatte da nicht viel zu bestellen, denn nach dem Urteil meines Vaters war ich um die Hände rum der größte Dösbartel, der in unserer Gegend ansässig war.

Zuerst schien es ja, als würde ich ihn wenigstens einmal widerlegen, denn im ersten Durchgang landeten alle fünf Bälle im Rachen der Pappfigur, die übrigens auffällige Ähnlichkeit mit dem Biologielehrer Heinius hatte. Aber im Stichkampf ging ich schmählich unter, da ich immer nur den rechten Eckzahn von „Heini“ traf.

Sieger und somit Klassenkönig wurde Pieke Holmers. Pieke hieß eigentlich Reginald – ein Name, der es meiner Mutter angetan hatte –, Pieke war der Gipfel an Häßlichkeit, Faulheit und Dummheit nicht nur in unserer Klasse, sondern in der ganzen Schule. Kein Wunder, daß sein Sieg nur geteilte Freude bei unserem Klassenlehrer auslöste: König Pieke, o mein Gott!

Alida war beim Sackhüpfen – diese Sportart war stets der untersten Klasse vorbehalten – von vornherein geschlagen, denn sie hatte so herrlich gebogene Beine, daß sie sich auch ohne die künstliche Hemmung eines Zuckersackes ständig auf die eigenen Zehen trat. Ihr machte das nichts aus, sie war von einer wunderbaren Wurstigkeit und vollauf zufrieden, da sie das Rote anhaben durfte.

In der achten Klasse spielten die Mädchen Taubenstechen. Eine Holztaube mit einem Nagel an Stelle des Schnabels schwebte an einer langen Schnur gegen eine Zielscheibe und bohrte sich dort fest. Klar, wer mit drei Würfen die höchste Ringzahl erreichte, war Königin.

Ich kümmerte mich nicht um diesen Wettbewerb, denn daß Judith da keine Aussichten hatte, stand für mich fest: die Mädchen aus der Achten, zwei Klassen über mir, waren ja fast schon erwachsen, aber Judith war nur meine Schwester.

1 *Herdbuchkühe:* Zuchtkühe mit nachgewiesener Abstammung und hoher Qualität

Ich sah gerade den ältesten Jungen beim Armbrustschießen zu, als Werner Gideon zu mir kam und sagte, meine Schwester sei Königin.

Zuerst begriff ich das gar nicht, aber dann rannte ich nach Hause. Meine Mutter war dabei, den Fußboden im Windfang[1] zu schrubben, als ich ihr mitteilte, sie sei Königinmutter geworden.

„Ist ja fein", sagte sie und schrubbte weiter. Dann stellte sie jedoch plötzlich den Besen beiseite: „Moment mal, wieso, wer, Judith? – Dann gibt das doch einen Festzug hier, wie? Ach du meine Güte! All die vielen Leute, und wie das hier aussieht!"

Meine Mutter konnte fix arbeiten, aber so hatte ich sie noch nie gesehen. Sie langte sich wieder den Besen und scheuerte den Boden fertig, zwischendurch rief sie, ich solle nicht so dämlich rumstehen und die Steine vom Weg sammeln und die Straße fegen und Stärke für Judiths Kleid vom Krämer holen und die Ziege von der Wiese und Tante Ella Bescheid sagen und die Pumpe noch mal angießen, denn sie brauche noch Wasser, und ob ich denn nicht sehen könne, daß da frisch gescheuert sei, und wo denn die verflixten anderen beiden Gören blieben.

Meine Mutter hatte für Königinnen viel übrig; schließlich hieß sie ja Luise, und die berühmte Preußin[2] mußte nach ihren Worten wirklich eine großartige Person gewesen sein, hatte sie doch alle ihre Geschmeide (welch herrliches Wort, Geschmeide!) für den Kampf gegen Napoljon[3] gestiftet und jeden Abend vor dem Schlafengehen das Gedicht „Wer nie sein Brot mit Tränen aß ..."[4] aufgesagt. Mich verwirrte dieser Bericht immer, denn daß man Margarine mit Zucker aufs Brot tat oder am Freitag Leberwurst, leuchtete mir ein, wieso aber Tränen, das war nicht ganz klar. Aber schließlich war die Luise ja Königin ...

Und nun hatten wir eine Königin in der Familie.

Wenn die gedacht haben sollte, sie würde zu Hause mit Böllern und Fanfaren empfangen, so hatte sie sich geirrt. Meine Mutter hatte sich über die Fensterscheiben hergemacht, und ich sammelte die Steine aus dem kleinen Straßengraben vor unserem Garten, als sie ankam.

Mit ihr kam ein ganzer Schwarm von Mädchen, die wunder was erwartet haben mochten und nun enttäuscht waren, weil sich unser kleines Pappdachhäuschen noch nicht in ein Schloß verwandelt hatte. Sie gackerten und kicherten so lange auf der Straße herum, bis ich mit Steinen nach ihnen warf. Ich sagte ihnen nur, sie sollten mal zusehen, daß sie Land gewönnen, aber das – und vielleicht auch die Steine – war

1 *Windfang:* kleiner Vorbau zum Schutz einer Haustür

2 *Luise, die berühmte Preußin:* Luise (1776 – 1810), Königin von Preußen, bat Napoleon mutig um milde Friedensbedingungen für Preußen; blieb im Gedächtnis des deutschen Volkes

3 *Napoljon:* lautliche Niederschrift für Napoleon (1769 – 1821), den französischen Kaiser, der die deutschen Teilstaaten im Handstreich eroberte

4 *„Wer nie sein Brot mit Tränen aß ...":* Anfang eines Gedichts aus Johann Wolfgang Goethes (1749 – 1832) Roman „Wilhelm Meister"

schon zuviel, jedenfalls rief die eine: „Strootenfeger, Rönnsteenneger!“, und das war nun ganz gewiß eine tödliche Beleidigung.

Es stimmte schon, mein Vater war Straßenfeger, und wenn er abends nach Hause kam, war er voll Rinnsteinstaub, aber das war noch lange kein Grund, solche Worte in der Gegend herumzuschreien.

Judith heulte gleich los.

Sie hatte sich wohl schon so in ihre Königinnenrolle hineingelebt, daß ihr dieses Wort wie eine Entthronung ankommen mußte.

„Dumme Liese“, sagte meine Mutter, „hast du vielleicht gedacht, die freuen sich, daß ausgerechnet du Königin wirst? Das mach dir man ab!“

Und dann sagte sie, Judith solle ihr beim Fensterputzen helfen, damit die Leute auch schön durch die Scheiben in unseren fürstlichen Palast und auf unsere goldenen Teller sehen könnten.

Vielleicht hätte sie das nicht sagen sollen, denn jetzt sah Judith sich erst einmal richtig bei uns um, und da ging das Geheule wieder los.

Der Garten war ja schön, den hatte mein Vater gut in Schuß, aber sonst ... Die Gartenpforte war ebenso rostig wie die Regentonne in der Hausecke, die Schornsteinhaube war nach einer Seite heruntergerutscht, und die Blumenkästen wußten gar nicht mehr, was Farbe ist.

Meine Mutter sagte, da müsse mein Vater eben ran, wenn er nach Hause komme, das schaffe er schon noch. Dann überlegte sie einen Augenblick lang, schlug die Hände vor dem Gesicht zusammen und rief, daß uns das gerade noch gefehlt habe.

Eine halbe Stunde später wußte ich, was sie damit gemeint hatte, denn da kam ein Pferdewagen mit einer riesigen Ladung Heu die Straße heruntergedonnert, und obendrauf saß mein Vater.

Er fegte damals gerade die Elbchaussee und hatte sich dort mit einigen Hausmeistern angefreundet und die Erlaubnis erhalten, manchen herrschaftlichen Rasen mähen und Heu machen zu dürfen. Und ausgerechnet heute hatte es Alfred Goldenmarkt, dem einzigen Besitzer eines Pferdefuhrwerks in unserer Gegend, so mit der Zeit gepaßt, daß er meines Vaters Ernte einbringen konnte.

Alfred, der einen kleinen Tierhandel betrieb, machte die Fuhre gewissermaßen als Entgelt für die kleinen Züchter- und Händlertips, die mein Vater ihm gab. Ja, mein Vater wußte nicht nur sehr viel von Blumen und Obstbäumen, sondern auch eine ganze Menge von Tieren, und aufs Feilschen verstand er sich nur einmal.

Es war nichts daran zu ändern. Das Heu mußte herunter vom Wagen und wenigstens hinters Haus geschafft werden; Alfred brauchte sein Gefährt, um eine Ladung Frettchen[1] zum Bahnhof zu bringen, und vor der Tür konnte das Fuder nicht liegenbleiben, erstens, weil es die ganze Straße blockierte, und zweitens sah es ja auch nicht gut aus.

1 *Frettchen:* Nagetier; als Jagdhelfer zur Vertreibung von Hasen aus ihrem Bau verwendet

„Die giften sich sowieso schon, daß sie mit Pauken und Trompeten und Ponykutsche hier in die Fischkistensiedlung kommen müssen", sagte meine Mutter, und man brauche die Leute ja nicht unbedingt in ihrer Ansicht zu bestärken, daß hier unten Sodom und Gomorrha[1] sei.

Unsere Schule lag nämlich auf der Grenze zwischen zwei Vororttteilen; der eine war beinahe herrschaftlich, und der andere war eben unsere Fischkistensiedlung, und die Bewohner beider Teile waren einander nicht grün.

In all den vielen Jahren, in denen wir Kinnergreun gefeiert hatten, war der Festzug nie bei uns unten gewesen, es hatte immer so geklappt, daß das Schulkönigspaar oben ansässig war.

Angesichts des gewaltigen Heuhaufens vor der Tür wurde mir allmählich klar, daß es mit dem Gerede, man solle die Feste feiern, wie sie fielen, auch wieder so eine Sache war: Nun feiere du mal, wenn du gar nicht darauf eingerichtet bist und vor deinem Haus liegt Heu, so hoch wie ein Berg, der Nanga Parbat[2].

Wenn die Königin, um die es ja schließlich ging, wenigstens mitgeholfen hätte, den Wintervorrat für Ziege und Kaninchen hinters Haus zu tragen! Aber nein, die kroch flennend mit ihrem Leinenkleid unter dem Arm durch die Hecke und rannte zu Tante Ella, damit die ihr die Robe[3] richte, denn dazu hatte meine Mutter jetzt natürlich keine Zeit, und das sehe sie ja wohl selbst.

Es zeigte sich bald, daß mein Vater und ich das Fuder Heu niemals rechtzeitig wegschaffen konnten; ohne Hilfe ging das nicht.

So wurde ich geschickt, Max zu holen. Max wohnte ein paar Schritte weiter in einer richtigen Hütte. Er war Rohköstler[4] und Temperenzler[5] und Platzwart bei einem Nacktkulturverein. Ich habe nie herausbringen können, ob es stimmte, daß er die Sonne anbetete; fest stand nur, daß er eine heillose Angst vor Gewittern hatte. Jedesmal, wenn es sich über unserem Landstrich so richtig auswetterte, und das geschah meistens in der Nacht, tauchte er plötzlich vor unserem Fenster auf und jagte meiner ohnedies genug geängstigten Mutter einen gewaltigen Schreck ein. War er dann erst einmal bei uns im Haus, so hielt er zähneklappernd lange Reden über die Ungefährlichkeit solcher Naturereignisse und über die Vorzüge der Nacktkultur.

Max mußte ran an das Heu. „Hier hast du Natur in Massen", sagte mein Vater. Nun war es aber mit der Arbeitsauffassung von Max ein eigen Ding. Meine Mutter behauptete, die schwerste Arbeit, die er verrichtete, sei das Pflücken des Huflattichs[6] zum zweiten Frühstück.

1 *Sodom und Gomorrha:* biblische Städte, von Gott wegen der Lasterhaftigkeit ihrer Bewohner durch Feuer und Schwefel zerstört
2 *Nanga Parbat:* bekannter Berg im Himalaja
3 *Robe:* hier: Festkleid; auch: Abendkleid, Amtskleidung
4 *Rohköstler:* ironisch für Vegetarier
5 *Temperenzler:* Alkoholfeind, Abstinenzler
6 *Huflattich:* Korbblütler mit goldgelben Blüten, oft Nahrungsmittel von Vegetariern

Doch mein Vater wußte ihn zu nehmen, und wenn Max auch nicht gerade unter den Lasten, die er sich aufbürdete, zusammenbrach, so trabte er doch munter hin und her und blieb nur stehen, wenn er in dem Heu die Mumie eines seltenen oder eßbaren Krautes gefunden hatte.

Max war es, der empfahl, Schadder hinzuzuziehen. Meine Mutter war von diesem Vorschlag gar nicht sehr erbaut, denn Schadder war ihr unheimlich. Sie sagte, er führe ein Doppelleben.

Gewiß, etwas merkwürdig war er schon. In der Nacht wirkte er als Klarinettist in der Original-Bayernkapelle des „Zillertal“ auf der Reeperbahn, und das, obwohl er Hamburg noch nie von der Südseite her gesehen hatte. Bei Tage züchtete er Bisamratten[1]. Mit Schadder konnte man nur über Bisamratten oder über das absolute Gehör, das zu besitzen er vorgab, sprechen. Meine Mutter brachte das auf die Formel: „Er spinnt.“

Aber solche Vorurteile konnten jetzt, da die Ehre des Hauses und der ganzen Siedlung auf dem Spiele stand, nicht gelten, und ich wurde geschickt, Schadder von seinen Ratten fort und zu unserem Heu zu holen.

Es wurde auch schon höchste Zeit, denn die ersten Leute waren bereits auf dem Wege zur Schule, wo sich der Festzug sammeln sollte, und wenn sie an unserem Heuhaufen vorbeikamen, machten sie sorgenvolle Gesichter oder dumme Witze.

Adje Hüller war da gerade richtig. Das gehörte so zu ihm, er kam immer gerade richtig. Wenn man Hilfe brauchte, war Adje da. Man durfte ihn nur nicht bitten. Dann war bei ihm gar nichts zu machen. Adje war immer schrecklich wütend, wenn er jemandem half. Er fühlte sich dann überlistet.

Früher hatte er im Hafen gearbeitet, aber seitdem ihm eine zurückfahrende Winsch[2] die Schulter zerschlagen hatte, war es damit aus, und er konnte noch froh sein, daß er den Posten beim Lesezirkel gefunden hatte. Die Frauen, denen er die Mappe mit der „Gartenlaube“ und der „Hamburger Illustrierten“ ins Haus trug, hatten bald heraus, wie man Adje in Gang brachte. Sie schimpften auf ihre Männer, die nicht einmal einen Nagel in die Wand schlagen könnten, oder sie sagten, ja, leider hätten sie gar keine Zeit mehr, sich mit Adje zu unterhalten, denn so eine Wäscheleine mache sich ja nicht von alleine an – und schon fragte Adje nach dem Hammer oder ließ sich die Leine geben. Dabei schimpfte er dann ordentlich und gebrauchte wiederholt das Wort „Schietkroom“.

Unverständliches leistete er sich, als die Krämerbude von Hulda Ewers abbrannte: Adje kam als erster zu Hilfe. Er sprang in die brennende Bretterhütte, und als er wenig später angesengt und hustend wieder auftauchte, trug er das schmierige Anschreibebuch Huldas unter dem Arm. Der Witz war nur, daß Adje wohl mit dem dicksten Posten drinnen stand. Adje brachte der Kämerin das Buch und sagte: „Hier, ick bünn verrückt!“ und: „Schietkroom!“

1 *Bisamratte:* aus Amerika stammendes, heute in Farmen gezüchtetes Pelztier

2 *Winsch:* Seilwinde (Seemannssprache)

Adje sagte auch jetzt bei jedem Bündel Heu, das er reinschaffte, „Schietkroom", aber das nahmen wir gerne in Kauf.

Jetzt lief der Transport reibungslos, und wir konnten uns schon ausrechnen, daß wir noch rechtzeitig fertig würden. Da kam Alida nach Hause. Wir hatten sie ganz und gar vergessen, aber jetzt war sie da und weder zu übersehen noch zu überhören; sie schrie, als sei sie vom Affen gebissen. Sie war es auch.

Sie hatte sich nach dem vorausgesehenen Ausgang des Sackhüpfens ruhig auf den Heimweg gemacht und war dabei am Zirkus Bellini vorbeigekommen. Zirkus Bellini gastierte in jedem Jahr einmal oben am Ellernbrook und überraschte vor allem immer wieder durch die Wandlungsfähigkeit seines Besitzers, der einmal als Irokesenhäuptling Minge-tanke (Der weiße Büffel), ein anderes Mal als Feuerfresser aus der hinteren Türkei und im Jahr darauf als Schlangenmensch von Celebes[1] unseren Beifall und unser Geld einheimste. Der Tierpark des Zirkus Bellini bestand aus zwei müden Schecken, einer Horde Hunde und einem alten Affen.

Diesen Affen nun hatte Alida, die so tierlieb wie mein Vater war, aufgesucht.

Mochte er nun keinen oder zuviel Gefallen an dem Roten gefunden haben, jedenfalls hatte er kräftig zugelangt und die Abdrücke seiner Zähne kurz unterhalb der Impfpocken auf Alidas rechtem Oberarm hinterlassen.

Da stand die Unglückselige nun mit zerrissenem Kleid und schrie ihren Schmerz in die Welt hinaus.

Die Störung war enorm. Der Heutransport wurde sofort abgebrochen, und es gab eine medizinische Beratung. Max empfahl gekauten Salbei[2], und Schadder wußte, Affenbisse seien noch gefährlicher als die von Bisamratten; Adje Hüller sagte, wenn ein Blutspender gebraucht werde, so könne man auf ihn rechnen, und mein Vater pumpte Luft in die Schläuche seines Fahhrades, denn er wollte mit Alida zum Arzt fahren.

Aber meine Mutter sagte, dann wäre es aus mit der Krönungsfeier und Tante Ella müsse mit Alida gehen. Sie schaffte es auch wirklich, daß sich die Heuträger wieder an die Arbeit und die Rettung der Lokalehre machten.

Sie ging sogar so weit, Max aus der Kolonne heruszunehmen und mit Pinsel, weißer Farbe und dem Auftrag zu versehen, er solle die Gartenpforte und die Blumenkästen unter den Fenstern anstreichen.

Von der Feuerwache her heulte die Sirene; es war drei Uhr – die Zeit, da sich oben an der Schule der Festzug in Bewegung setzen sollte. Alle arbeiteten noch schneller, und wenn nun nicht noch etwas passierte, mußte es klappen. Aber es passierte noch etwas.

Daran war Oskar schuld oder vielmehr die Ziege von Fräulein Senkenblei. Niemand hatte Fräulein Senkenblei und ihre Ziege gesehen, bis sie plötzlich vor unserer Gartenpforte standen. Die Ziege machte sich sofort über das Heu her, und Fräulein Senkenblei eröffnete meinem Vater, daß das gute Tierchen zu Oskar müsse.

1 *Celebes (auch: Sulawesi):* zu Indonesien gehörende Insel
2 *Salbei:* oft als Heilkraut verwendete Pflanze

Oskar war nämlich der staatlich gekörte[1] Ziegenbock, der vom Kleingärtnerverein bei uns eingestellt war und hier zur Herbstzeit eine fruchtbare Tätigkeit ausübte. Zur Herbstzeit ja, aber jetzt war Juni.

Das sei ihr völlig gleichgültig, sagte Fräulein Senkenblei, es stehe nirgendwo geschrieben, daß eine Ziege nicht auch einmal im Juni Liebe fühlen dürfe, und es sei an sich schon Schande genug, daß wir aus dem Spiel der natürlichen Kräfte auch noch Geld zögen, und schließlich sei sie im Vorstand des Kleingärtnervereins, und wenn wir nicht unserer Pflicht nachkämen, so werde sie Sorge tragen, daß man Oskar woanders unterbringe.

Das wäre nun freilich ein harter Schlag gewesen, denn Oskar war für uns wirklich eine wichtige Finanzquelle, und so manches Mal hatten wir, wenn wieder einmal Ebbe in der Kasse gewesen war, hoffnungsvoll die Straße hinuntergesehen und nach einer Ziege Auschau gehalten, die Oskar Vergnügen bereiten und uns vier Mark einbringen sollte. Aber, wie gesagt, das war eben immer im Herbst, und jetzt war Juni und außerdem Krönungstag.

Doch gegen Fräulein Senkenblei war nicht aufzukommen; wir hatten das schon einmal erfahren, damals, als sie uns das „Blättchen" aufgeschwatzt hatte. Das „Blättchen" war das evangelische Sonntagsblatt, für dessen Vertrieb in unserem Bezirk Fräulein Senkenblei verantwortlich und alles zu tun bereit war. Sie kam alle vierzehn Tage damit und kassierte stets einen Groschen und eine Tasse richtigen Kaffee dafür – so süß und verbindlich sie auch bei diesem Geschäft sein mochte, heute stand sie hier als die Sachwalterin einer Ziege und deren für die Jahreszeit so ungewöhnliches Anliegen und ließ sich auch mit dem Hinweis auf den Ernst und die Dringlichkeit der Stunde nicht abweisen.

Mitten hinein in die Debatte über Naturgesetze und die Satzungen des Kleingärtnervereins tönten die Klänge des Hohenfriedbergers[2]. Der Festzug kam heran.

Meine Mutter zerrte Fräulein Senkenblei und ihre Ziege hinter das Haus und rief nach der Königin, denn ihr Hofstaat nahe. Max pinselte wie rasend den letzten Blumenkasten an, und ich sah, daß er immer nur die Vorderseiten der Kästen geweißt hatte, Adje Hüller raffte das restliche Heu vom Boden und sagte mehrmals „Schietkroom", Schadder klemmte einen Zweig des blühenden Rhododendrons so unter einen Stein, daß er die Regentonne verbarg, mein Vater zeigte, daß er sich auf seinen Beruf verstand, und harkte und fegte in Rekordzeit die Straße und den Weg sauber, ich kletterte auf das Dach und rückte die Schornsteinhaube gerade und sah mit halbem Blick, wie Alida vom Garten Tante Ellas her durch die Hecke brach und sich mit ihrem zerwurschtelten Haar und einem weißen Verband um den Oberarm hinter den Schattenmorellen verkroch. Mein Vater rief den anderen Männern zu, sie sollten sich schleunigst in die Laube begeben, denn er verstehe gar nicht, wie man bloß so dreckig herumlaufen könne, und er sagte noch, er fordere es im Namen der Krone. Von der

1 *staatlich gekört:* staatlich geprüft und bestätigt
2 *Hohenfriedberger:* berühmter preußischer Militärmarsch

Hofseite her hörte ich die Stimme meiner Mutter, die Fräulein Senkenblei und ihre Ziege beschwor, sie möchten sich noch einen Augenblick gedulden.

Dann wogten Fahnen und Kränze und bunte Kleider auf der kleinen sandigen Straße, und eine gelbe Kutsche hielt vor unserer Haustür.

Die Leute im Festzug waren ruhig geworden und sahen neugierig über die Ligusterhecke in unseren Garten.

Mochten sie nur! Da war jetzt alles in Ordnung. Die Blumenkästen glänzten in frischem Weiß, der Rhododendronbusch verbarg mit rosig leuchtenden Blüten die rostige Regentonne, auf dem Wege lag kein Stein mehr, niemand konnte meinen Vater und die anderen Männer oder die Frauen mit der Ziege sehen, und keiner sah den empörend strubbeligen Kopf meiner kleinen Schwester Alida hinter dem Kirschenspalier. Es war alles in Ordnung – bis auf den dünnen Faden Heu vielleicht, der in dem Heckenrosenbogen über der Pforte hing und leise im Winde schaukelte.

Aber außer mir sah das niemand. Die Blicke der Leute ruhten auf der Königin Judith, die erlöst und erwartend zugleich im weißen Kleide vor der offenen Haustür stand.

Die Königin war wunderschön, und sie war ganz allein.

Arbeitsanregungen

1. *Wie kommt es zu dem Ereignis, das die Familie des Erzählers so in Atem hält?*
2. *Warum unternimmt die Familie eines Hamburger Straßenfegers solche Anstrengungen, um die „Königin“ und das „Schloß“ herauszuputzen?*
3. *Wie werden die Probleme, die durch den überraschenden Festumzug entstehen, gelöst?*
4. *Wie stellt uns der Ich-Erzähler seine Familienangehörigen und die anderen Helfer vor? Teilt euch in Arbeitsgruppen auf:*
   a) *Schreibt und spielt Dialoge, in denen dargestellt wird, wie die Familie die Helfer gewinnt.*
   b) *Ergänzt auf der Grundlage der Textinformationen die Biographien einiger Figuren.*
   c) *Erfindet zusätzliche Geschichten mit ihnen.*
5. *Der Ich-Erzähler erinnert sich in dieser Geschichte an seine Kindheit in den dreißiger Jahren. Welche Informationen über seine familiäre und soziale Umwelt, über Lebensgestaltung, Denkweise und spezifische Atmosphäre einfacher Leute jener Zeit können wir dem Text entnehmen?*
6. *Untersucht die im Text deutlich voneinander abgehobenen Zeitebenen. Fertigt dazu eine Übersichtsskizze an.*
7. *Weist an sprachlichen Details Kants milieugerechte Darstellung nach.*
8. *Warum wendet sich wohl ein Schriftsteller der DDR seiner Vorkriegskindheit in einer Hamburger Arbeiterfamilie zu?*
9. *Welche Gedanken bewegen euch als junge Menschen beim Lesen der Geschichte von Hermann Kant?*

Günter de Bruyn

Günter de Bruyn wurde am 1.11.1926 in einer Berliner Intellektuellenfamilie geboren. Nach Gymnasium, Krieg und Gefangenschaft wirkte er von 1946 bis 1949 als Lehrer. Der Bibliothekarsausbildung folgte ab 1953 eine Tätigkeit am Zentralinstitut für Bibliothekswesen. Seit 1961 lebt de Bruyn als freischaffender Schriftsteller abwechselnd in einem kleinen brandenburgischen Dorf und in Berlin.

Als Romanautor, Erzähler, Essayist und Herausgeber (hier besonders „Märkischer Dichtergarten") ging und geht es de Bruyn immer wieder um das Spannungsverhältnis zwischen individuellem menschlichen Handeln und Verhalten einerseits und gegebenem historischen Umfeld andererseits („Hochzeit in Weltzow", 1960; „Der Hohlweg", 1963; „Ein schwarzer, abgrundtiefer See", 1963/1966; „Das Leben des Jean Paul Friedrich Richter", 1975).

Seine Bücher „Buridans Esel" (1963), „Preisverleihung" (1972), „Märkische Forschungen" (1978), „Neue Herrlichkeit (1984) und „Frauendienst" (1986) griffen in sensibler Weise recht früh und erstaunlich offen kritikwürdige Probleme menschlicher Haltungen und gesellschaftlicher Beziehungen in der DDR auf; mit ihnen erreichte de Bruyn als einer der herausragenden Prosaschriftsteller des Landes ein großes Publikum.

Günter de Bruyn Vergißmeinnicht

Das Geschäft lief gerade richtig an, als die junge Frau, die ihm vorher so viel Ärger gemacht hatte, schon zurückkam. Seiffert sah sie den Hauptweg entlangkommen, langsamer, als es der gute Ton vorschreibt, bleich, schwarz gekleidet, den geliehenen Korb am Arm, und es wunderte ihn, daß sie so schnell mit dem Bepflanzen des frischen Grabes fertig war.

Es war zehn Uhr, und der an den ersten sonnigen Sonntagen des Jahres übliche Andrang begann. Die Leute – Frauen meist, selten mit Mann oder Kind, nie Männer allein – drängten sich an der Pforte, zwangen sich, wenn sie aus dem Schatten der Mauer heraus waren, den langsamen Friedhofsschritt auf, blickten nach links auf die in quadratische und rechteckige Felder geordneten Töpfe und Kästen, blieben stehen, überlegten, gingen weiter, kamen näher, musterten das Angebot, verglichen die Preise, und jede Minute etwa stellte sich eine in die Reihe der Käufer, an der Seiffert hin und her hastete, bei der Auswahl half, verpackte und Geld einnahm. Selten wußte eine gleich, was sie wollte, meist hieß es erst, was ist dies, wie und wann blüht es, was kostet es, ist es winterhart, muß es oft gegossen werden, geben Sie zehn davon, nein, nur fünf und fünf davon, paßt das überhaupt zusammen, warum keine Schnittblumen, was heißt: noch nicht, wozu gibt es Treibhäuser, und dann lohnte die Rechnung den Aufwand nicht, und die Wartenden murrten, aber wenn sie dran waren, machten sie es nicht anders, und der alte Seiffert wurde schweigsam vor Wut über diese Hinterbliebenen, die für ihre Toten nicht eine Stunde früher aufstehen konnten, um vor dem Stoßgeschäft dazusein.

Die junge Frau war früher dagewesen. Sie hatte für ihren Toten reichlich Zeit, aber wenig Geld gehabt. Lange hatte sie das magere Angebot studiert und still für sich gerechnet, bis Seiffert sie gestört hatte, um ihr Stiefmütterchen, die nur 16 Pfennig kosteten und sehr gefragt waren, auszureden, und da Rosen wohl nicht in Frage kamen, zu den massenhaft vorhandenen Vergißmeinnicht (14 Pfennig das Stück) oder zu Waren mittlerer Preisklasse zu raten. Erst hatten es niedrige Eriken[1] (61 Pfennig) sein sollen, dazu hatte das Geld nicht gereicht. Dann hatte er ihr ausführlich erklären müssen, warum es keine Primeln gab. Dann hatte sie sich für Stiefmütterchen entschieden, aber während er knurrend in den Schuppen gehumpelt war, um die letzten zu holen, waren sie ihr für den ernsten Gatten als zu bunt erschienen. Also doch Vergißmeinnicht! Und wieviel? Vierzig? Sie hatte entsetzt getan, als hätte er Grund, ihr mehr aufzuschwatzen, als sie brauchte.

Und jetzt kam sie schon wieder zurück. Sie wollte an der Schlange der Wartenden vorbei, aber jemand sagte was zu ihr, und sie kehrte um und stellte sich schweigend hinten an, obwohl sie doch nur den Korb zurückzugeben hatte. Seiffert wollte sie schon nach vorn beordern, ließ es aber, weil er fand, daß so viel Schüchternheit Strafe verdiente. Er nahm sich vor, ihr, wenn sie an der Reihe war, wortlos den Korb abzunehmen, ihn hinter das Feld der Rosentöpfe zu werfen und die nächste zu fragen, was es denn sein sollte. Aber als sie endlich dran war, konnte er ihrem hilflosen Blick nicht ausweichen und ihre leise gesprochenen Worte nicht gleich begreifen.

„Bitte, nehmen Sie die Blumen wieder!“sagte sie. Er hatte den Korb schon in der Hand, spürte sein Gewicht, aber erst jetzt sah er, daß er noch gefüllt war, daß die Vergißmeinnicht noch so standen, wie er sie aufgereiht hatte. Er hatte die Erdballen aneinanderpressen müssen, um sie alle unterzubringen, und die letzten drei Pflanzen obenauf gelegt.

„Blumen sind vom Umtausch ausgeschlossen“, sagte er und gab ihr den Korb zurück. „Der nächste, bitte!“

Sie hatte ihm vorhin schon reichlich Zeit gestohlen für die paar Mark. Das Theater mit ihr würde von neuem losgehen und die Schlange immer länger werden.

„Ich möchte sie nicht umtauschen, ich möchte sie zurückgeben!“

„Noch besser!“ sagte er und hielt der nächsten Kundin einen Rosenstrauß vor die Nase, den sie sich rundum besah, als verstünde sie was davon. „Gekauft ist gekauft! Und falls Sie sich im Friedhof geirrt haben: Sie dürfen die Vergißmeinnicht auch auf dem Nachbarfriedhof pflanzen. Das sind Edelrosen, liebe Frau, die kriegen Sie nirgendsonst für den Preis!“

„Ich habe mich nicht geirrt“, sagte die junge Frau leise, „das Grab ist schon bepflanzt.“

„Geht mich nichts an!“ sagte er.

Er hatte zuviel Vergißmeinnicht mitgenommen, die würde er sonntags nicht loswerden. Sie blühten noch nicht, und Leute, die selten kamen, wollten ihre Gräber gleich schön haben, nicht erst später, wenn sie es nicht sahen. Die noch knospenden Vergißmeinnicht waren für wochentags, für die alten Frauen, die er mit Namen

1 *Eriken (Sg. Erika):* Heidekrautgewächs

kannte, weil sie fast täglich kamen, denen der Friedhof auch Erholungspark und Schrebergarten[1] war.

„Aber was soll ich machen?“

„Sie in den Garten pflanzen.“

„Ich habe keinen Garten.“

„Auf den Balkon.“

„Habe ich auch nicht.“

„Dann lassen Sie sich das Geld von der zurückgeben, die Ihnen diesen Streich gespielt hat.“

„Ich weiß nicht, wer es sein könnte.“

„Die Schwiegermutter vielleicht.“

„Wir haben keine Verwandten hier.“

„Vielleicht eine von seiner Arbeitsstelle.“

„Unmöglich.“

„Dann reißen Sie das Zeug raus und pflanzen Ihres hin.“

„Das geht nicht. Es ist viel schöner so. Blühende Erika, die hohe Sorte!“

Sie sah suchend umher, um ihm die Blumen zu zeigen, fand sie aber nicht. Er hatte die hohe Sorte in diesem Jahr noch nie gehabt, die Genossenschaft[2] hatte sie aus irgendwelchen Gründen nicht geliefert. Die Augen der jungen Frau füllten sich mit Tränen; Seiffert konnte nicht mehr hinsehen; er verkaufte weiter und hörte, während er rechnete und auswählte und einpackte, ihr Schluchzen neben sich und ärgerte sich über die Hartnäckigkeit, mit der sie hier stand und den Kunden was vorheulte, nur der paar Mark wegen. Und dann fiel ihm plötzlich ein, daß er immer so geredet hatte, als könnte nur eine Frau die Blumen gepflanzt haben. Es war unbeabsichtigt und unüberlegt geschehen, weil Männer hier selten kamen, weil Frauen meist die Zäheren sind und überleben und weil die Männer nie allein bleiben und schneller vergessen und weil ihnen das gute Verhältnis zu Toten und zu Blumen fehlt und weil sie meist besser verdienen und mit dem Gärtner eher einen Pflegevertrag abschließen, als selbst zu pflanzen und zu hacken und zu gießen.

Und er sagte, während er Rosen verpackte: „Hohe Erika, sagen Sie? Das ganze Grab bepflanzt? So viel habe ich in den letzten Tagen nur einmal abgegeben, einem Mann, wäre für einen alten Freund, sagte er.“

Die Frau wurde still, putzte sich die Nase, wartete, bis Seiffert das Geld für die Rosen hatte, und fragte: „So ein großer?“

„Ja, groß war er.“

„Schwarz?“

„Ja, groß und schwarz.“

1 *Schrebergarten:* Kleingarten für den persönlichen Bedarf in einer Gartenanlage, benannt nach dem Begründer solcher Anlagen

2 *Genossenschaft:* Zusammenschluß besonders von Handwerkern; in der DDR vorherrschende Form der kollektiven Ausübung von Handwerksberufen; hier: Gärtnerische Produktionsgenossenschaft

„Redet ein bißchen sächsisch?“

„Ja, ein bißchen.“

Die junge Frau lächelte und stellte den Korb auf die Erde. „Alfred, natürlich Alfred“, sagte sie, und dann ging sie. Der alte Seiffert bediente weiter, sah die Frau durch die Pforte verschwinden, und zu der nächsten Kundin, für die Rosen wohl nicht in Frage kamen, sagte er: „Vergißmeinnicht, vierzig Stück, schon verpackt, nur vier Mark, ohne Korb natürlich.“

Arbeitsanregungen

1. *Man muß beim Lesen dieser Geschichte gut aufpassen.*
   Erzählt sie deshalb nach. Beachtet dabei besonders,
   - *was die junge Frau auf dem Friedhof will,*
   - *was sie wohl am Grab sieht,*
   - *was der alte Blumenverkäufer Seiffert zum Schluß überlegt und was er sagt.*
2. *Was mag die junge Frau wohl denken, als sie das bepflanzte Grab sieht? Schreibt einen inneren Monolog, der ihre Empfindungen wiedergibt.*
3. *Günter de Bruyn bedient sich in seiner kurzen Geschichte einer besonderen Zeitdarstellung. Findet die verschiedenen Zeitebenen heraus.*
4. *Wir erleben das Geschehen aus der Sicht des Blumenhändlers. Einen solchen Figurenerzähler nennt man Er-Erzähler oder personaler Erzähler. Verfolgt einmal genau, welche Eindrücke er an diesem Tag*
   - *von den Käufern und*
   - *von der jungen Frau gewinnt.*

   Beim zweiten Gespräch der beiden hat es Seiffert nicht leicht. Untersucht deshalb jeden seiner Gedanken und Sätze genau.
   Welcher Erzähltechnik bedient sich der Autor hier?
5. *Seiffert verändert zum Schluß sein Verhalten: Warum „erinnert“ er sich plötzlich an den* **einen** *„Verkauf“ während der letzten Tage?*
6. *Es handelt sich hier um eine kleine Geschichte über ein wohl recht nebensächliches Ereignis.*
   - *Was empfindet ihr beim Lesen und Nachdenken darüber?*
   - *Welche Gedanken kann sie möglicherweise bei anderen Lesern wecken?*

Christa Wolf

Christa Wolf, am 18. 3. 1929 in einer Kaufmannsfamilie in Landsberg an der Warthe (heute Gorzów Wielkopolski/Polen) geboren und 1945 nach Mecklenburg geflüchtet, war nach Abitur (1949) und Germanistikstudium (1949 – 1953) als wissenschaftliche Mitarbeiterin, Lektorin und Redakteurin im Literaturbetrieb der DDR tätig.

Das 1963 erschienene Buch „Der geteilte Himmel“ der seit 1962 freischaffenden Schriftstellerin – eine Liebesgeschichte vor dem sozialen und politischen Hintergrund des geteilten Deutschland – wurde wegen seiner brennenden Fragestellungen und modernen Erzählstruktur schnell zu einem der erfolgreichsten Titel in der DDR. Auch in ihren weiteren wichtigen Büchern („Nachdenken über Christa T.“, 1968; „Unter den Linden. Drei unwahrscheinliche Geschichten“, 1974; „Kindheitsmuster“, 1976; „Kein Ort. Nirgends“, 1979; „Kassandra“, 1983; „Störfall“, 1987; „Sommerstück“, 1989; „Was bleibt“, 1990) behandelte die seit 1976 in Berlin lebende Autorin ästhetisch anspruchsvoll und experimentierfreudig tiefgreifende Probleme des Individuums in Gegenwart und Vergangenheit.

Filmtexte, Editionstätigkeit und vor allem zahlreiche Essays zu Fragen von Kunst, Ethik und Politik („Lesen und Schreiben. Aufsätze und Betrachtungen“, 1971; „Fortgesetzter Versuch“, 1979; „Voraussetzungen einer Erzählung: Kassandra“, 1983; „Die Dimension des Autors“, 1987; „Im Dialog. Aktuelle Texte“, 1990; „Auf dem Weg nach Tabou“, 1994) runden das bisherige Schaffen einer Autorin, die wie nur wenige Künstler der DDR ihre kritische Verantwortung gegenüber den Menschen und dem Staat mutig wahrnahm und die wegen ihrer künstlerischen Leistung und Haltung international Beachtung fand.

In der Zeit der politischen Veränderungen 1989/90 wurde Christa Wolf zu einer Integrationsfigur für Ost- und Westdeutsche. Feuilletonistische Polemik suchte das in den darauffolgenden Jahren in Frage zu stellen.

Christa Wolf Anekdotisches

Voriges Jahr, als ich über ein bestimmtes Thema nachzudenken begann, in jener schönen Phase, da es verlockend aufleuchtet, noch nicht beschädigt, zerlegt, eingeengt durch zu festen oder ungeschickten, noch nicht verfehlt durch zu lockeren, nachlässigen Zugriff; als die Gründe dafür mir noch plausibler[1] waren als dann, sehr bald, die Gegengründe; als mich die Grenzen des Sagbaren beschäftigten und dabei eine Sprachunmächtigkeit in mir aufkam, ein Ungenügen an der vorgefaßten Sprache, die wir sprechen und schreiben, eine Sehnsucht nach einer andern Sprache, die ich im Ohr, noch nicht auf der Zunge habe: Als alles dies noch in seinen Anfängen steckte und ich alles und jedes, was ich sah, hörte, erfuhr und las, auf dieses Anfangsgebräu ganz unwillkürlich bezog, da stellte sich mir überraschend die Frage: Warum hat Goethe eigentlich, als er ihn fertig hatte, seinen „Faust“ versiegelt[2] ?

Zufällig war ich in Weimar. Ich ging ins Goethe-Museum, das aufgeräumt und spiegelblank ist und – wie ein jedes Museum – sein Objekt, den Dichter nur zeigen

1 *plausibel:* einleuchtend, stichhaltig
2 *Versiegelung des „Faust“:* Johann Wolfgang Goethe (1749 – 1832) vollendete 1831 sein letztes großes Drama „Faust. Der Tradögie Zweiter Teil“; da es erst nach seinem Tode veröffentlicht werden sollte, versiegelte er es.

kann, wie er war, nicht, wie er wurde. Doch sind die Exponate[1] nach neuesten Gesichtspunkten geordnet und allein durch ihre Vielzahl geeignet, dem Nachgeborenen das vernichtende Gefühl seiner Unterlegenheit zu vermitteln, das sicherlich noch weit schmerzlicher würde, wenn es nicht durch tröstende Kommentare, die niedrigere Gesellschaftsformation betreffend, in der der große Dichter verharren mußte, wieder leicht gelindert würde. Ich fand also auch Goethes letzten Brief an Wilhelm Humboldt[2] und jene Stelle, da Goethe, fünf Tage übrigens vor seinem Tod, Gründe dafür beibringt, daß er den zweiten Teil des „Faust", das „Hauptgeschäft" seiner letzten Jahre nicht nur, sondern seines Lebens, nicht einmal engen Freunden zu lesen gibt.

„Ganz ohne Frage", schreibt er da – und ich stellte mich gegen die Wand, an der das Briefblatt befestigt ist, und schrieb es ab – „ganz ohne Frage würde es mir unendliche Freude machen, meinen werten, durchaus dankbar anerkannten, weitverteilten Freunden auch bei Lebzeiten diese sehr ernsten Scherze zu widmen, mitzuteilen und ihre Erwiderung zu vernehmen. Der Tag aber ist wirklich so absurd und konfus" – Goethe bezieht sich auf das Jahr 1832 –, „daß ich mich überzeuge, meine redlichen, lange verfolgten Bemühungen um dieses seltsame Gebäu würden schlecht belohnt und an den Strand getrieben, wie ein Wrack in Trümmern daliegen und von dem Dünenschutt der Stunden zunächst überschüttet werden. Verwirrende Lehre zu verwirrtem Handel waltet über die Welt ..."

Mein Versuch, mich auf den Sinn der sybillinischen Worte[3] zu konzentrieren, mußte vorerst scheitern: Im Nebenraum, in welchem man Pflanzen und Knochen betrachten kann, die Goethe nicht nur gesammelt, auch zu deuten gesucht hat, nahm eine Leipziger Oberschulklasse[4] die Belehrungen eines wissenschaftlich ausgebildeten Museumsführers entgegen. Ich schlich mich an ihnen vorbei, zu den Steinen, die mich auch nicht stark fesseln. Da hörte ich aus dem Mund des Museumsführers, leicht thüringisch gefärbt, die Frage, die mich bleiben ließ. Warum, fragte der junge Mann, befaßten sich eigentlich nach Meinung der Schulklasse die Schriftsteller der DDR – er nannte drei repräsentative Namen – außer mit ihren literarischen Produkten nicht, wie Altmeister Goethe, mit den Naturwissenschaften! Ich stand in Hörweite und schrieb Namen von Mineralien[5] ab, während die sechzehnjährigen Leipziger, ihrer Natur nach entgegenkommend, ehrlich um Antwort rangen. Ich bin überzeugt, eine Schulklasse aus der Hauptstadt hätte höhnisch, eine aus Rostock befangen geschwiegen, die Leipziger aber, von Ironie und Selbstzweifel nicht berührt, trugen in ihrem anheimelnden Idiom[6] Steinchen auf Steinchen herbei, aus denen, des-

1 *Exponat:* Ausstellungsstück
2 *Wilhelm von Humboldt (1767 – 1835):* Kunst- und Sprachwissenschaftler, preußischer Bildungspolitiker
3 *sybillinische Worte:* Prophezeihung, Vorhersage (nach der antiken Seherin Sibylla/Sibylle)
4 *Oberschule:* Bezeichnung für die weiterführende Schule mit den Klassen 5 bis 12 in der DDR
5 *Mineralien (Sg. Mineral):* anorganischer Stoff, Bestandteil der Erdkruste, Gestein
6 *Idiom:* hier: Dialekt

sen waren sie wie ich ganz sicher, der Museumsführer schon das Rechte aufbauen würde.

So erfuhr ich – Horcher an der Wand –, zu Goethes Zeiten seien einerseits die Naturwissenschaften weniger kompliziert, andererseits die Literaten allseitiger gebildet gewesen; als mildernden Umstand müsse man ihnen zugestehen, daß sie, die meisten von ihnen, nicht so alt wie Goethe würden, daher weniger Zeit hätten, an ihrer Bildung zu arbeiten; die Schriftsteller von heute beschäftigten sich auch vorwiegend mit sich selbst; sie seien nicht so fleißig, wie Goethe es war; heutzutage könne man in den Naturwissenschaften nur im Kollektiv etwas leisten, die Schriftsteller aber seien Außenseiter und Einzelgänger; unsere Gesellschaft liefere den Schriftstellern so viele neue Fakten, daß sie genug damit zu tun hätten, diese aufzuschreiben: anders als Goethe, der in einer alten Gesellschaft gelebt habe, wo alles schon bekannt gewesen sei; die Naturwissenschaft von heute verlange mathematisches Denken – die meisten Schriftsteller aber brüsteten sich bekanntlich damit, daß sie nicht rechnen können.

So, sagte der wissenschaftliche Museumsführer, und jetzt fassen wir zusammen. Also, Wissenschaften und Künste haben in den letzten hundertfünfzig Jahren einen derart immensen[1] Fortschritt zu verzeichnen, daß Wissenschaftler und Künstler sich voll auf ihr Gebiet konzentrieren müssen und so in unserer Gesellschaft in der Lage sind, ungleich Größeres zu leisten als ihre Vorgänger in früheren Zeiten.

Mit genau dieser Zusammenfassung schien die Schulklasse gerechnet zu haben. Ich auch. Dann rief ich mich zur Ordnung. War ich nicht hergekommen, zu erfahren, warum Goethe seinen „Faust“ versiegelt hat?

Arbeitsanregungen

1. *Christa Wolf bringt sich in diesem Text offenbar selbst als Erzählerin ein. Welchem Sachverhalt will sie im Goethe-Museum zu Weimar nachgehen? Welche Informationen erhält sie dort?*
2. *Wie bewertet ihr die Frage des Museumsführers an die Schüler und die von ihm selbst gegebene Antwort?*
3. *Franz Fühmann setzt sich in seinem Brief an den damaligen Kulturminister der DDR (vgl. S. 122 ff.) mit der Erfahrung auseinander, daß dem Schriftsteller zu sehr in seine künstlerische Tätigkeit hineingeredet wird. Inwieweit ist dieses Problem auch in Christa Wolfs Text erkennbar? Wie findet sich Christa Wolf mit der*
   - *Überlegenheit des großen Dichters Goethe und mit der*
   - *Bewertung von DDR-Schriftstellern* ab?
4. *Ein Schüler stellt in einer Unterrichtsdiskussion fest, daß Christa Wolf den Museumsführer, die Schüler und auch sich selbst nicht ganz ernst nimmt.*
   Prüft diese Überlegungen am Text.

1 *immens:* unermeßlich

Heiner Müller

Heiner Müller wurde am 9. 11. 1929 in Eppendorf bei Chemnitz als Sohn eines sozialdemokratischen Angestellten geboren. Nach Krieg und Kriegsgefangenschaft legte er 1949 das Abitur ab und nahm dann eine Tätigkeit als Angestellter in Waren/Mecklenburg auf. Danach arbeitete er in einer Bücherei und als Journalist, wurde vorübergehend Mitarbeiter des DDR-Schriftstellerverbandes, Redakteur einer Kunstzeitschrift, schließlich Dramaturg und Mitarbeiter an verschiedenen Theatern. Müller begann ganz im Geiste Brechts mit Lehrstücken. Er gilt heute mit einer Fülle von Stücken als einer der wichtigsten Dramatiker des deutschen Theaters, u.a. „Die Schlacht-Szenen aus Deutschland" (1951/1949), „Die Umsiedlerin oder das Leben auf dem Lande" (1956 – 1961), „Der Lohndrücker" (1956), „Philoktet" (1958/1964), „Mauser" (1970), „Hamletmaschine" (1977), „Leben Gundlings Friedrich von Preussen Lessings Schlaf Traum Schrei" (1976). Daneben gibt es bemerkenswerte Texte einer kunstreich-lapidaren Erzählprosa von ihm. Müller lebt in Berlin.

Heiner Müller Das Eiserne Kreuz

Im April 1945 beschloß in Stargard in Mecklenburg ein Papierhändler, seine Frau, seine vierzehnjährige Tochter und sich selbst zu erschießen. Er hatte durch Kunden von Hitlers Hochzeit und Selbstmord gehört.

Im ersten Weltkrieg Reserveoffizier, besaß er noch einen Revolver, auch zehn Schuß Munition.

Als seine Frau mit dem Abendessen aus der Küche kam, stand er am Tisch und reinigte die Waffe. Er trug das Eiserne Kreuz am Rockaufschlag wie sonst nur an Festtagen.

Der Führer habe den Freitod gewählt, erklärte er auf ihre Frage, und er halte ihm die Treue. Ob sie, seine Ehefrau, bereit sei, ihm auch hierin zu folgen. Bei der Tochter zweifle er nicht, daß sie einen ehrenvollen Tod durch die Hand ihres Vaters einem ehrlosen Leben vorziehe.

Er rief sie. Sie enttäuschte ihn nicht.

Ohne die Antwort der Frau abzuwarten, forderte er beide auf, ihre Mäntel anzuziehen, da er, um Aufsehen zu vermeiden, sie an einen geeigneten Ort außerhalb der Stadt führen werde. Sie gehorchten. Er lud dann den Revolver, ließ sich von der Tochter in den Mantel helfen, schloß die Wohnung ab und warf den Schlüssel durch die Briefkastenöffnung.

Es regnete, als sie durch die verdunkelten Straßen aus der Stadt gingen, der Mann voraus, ohne sich nach den Frauen umzusehen, die ihm mit Abstand folgten. Er hörte ihr Schritte auf dem Asphalt.

Nachdem er die Straße verlassen und den Fußweg zum Buchenwald eingeschlagen hatte, wandte er sich über die Schulter zurück und trieb zur Eile. Bei dem über der baumlosen Ebene stärker aufkommenden Nachtwind, auf dem regennassen Boden machten ihre Schritte kein Geräusch.

Er schrie ihnen zu, sie sollten vorangehen. Ihnen folgend, wußte er nicht: hatte er Angst, sie könnten ihm davonlaufen, oder wünschte er, selbst davonzulaufen. Es dauerte nicht lange, und sie waren weit voraus. Als er sie nicht mehr sehen konnte, war ihm klar, daß er zuviel Angst hatte, um einfach wegzulaufen, und er wünschte sehr, sie täten es. Er blieb stehen und ließ sein Wasser. Den Revolver trug er in der Hosentasche, er spürte ihn kalt durch den dünnen Stoff. Als er schneller ging, um die Frauen einzuholen, schlug die Waffe bei jedem Schritt an sein Bein. Er ging langsamer. Aber als er in die Tasche griff, um den Revolver wegzuwerfen, sah er seine Frau und die Tochter. Sie standen mitten auf dem Weg und warteten auf ihn.

Er hatte es im Wald machen wollen, aber die Gefahr, daß die Schüsse gehört wurden, war hier nicht größer.

Als er den Revolver in die Hand nahm und entsicherte, fiel die Frau ihm um den Hals, schluchzend. Sie war schwer, und er hatte Mühe, sie abzuschütteln. Er trat auf die Tochter zu, die ihn starr ansah, hielt ihr den Revolver an die Schläfe und drückte mit geschlossenen Augen ab. Er hatte gehofft, der Schuß würde nicht losgehen, aber er hörte ihn und sah, wie das Mädchen schwankte und fiel.

Die Frau zitterte und schrie. Er mußte sie festhalten. Erst nach dem dritten Schuß wurde sie still.

Er war allein.

Da war niemand, der ihm befahl, die Mündung des Revolvers an die eigene Schläfe zu setzen. Die Toten sahen ihn nicht, niemand sah ihn. Das Stück war aus, der Vorhang gefallen. Er konnte gehen und sich abschminken.

Er steckte den Revolver ein und beugte sich über seine Tochter. Dann fing er an zu laufen.

Er lief den Weg zurück bis zur Straße und noch ein Stück die Straße entlang, aber nicht auf die Stadt zu, sondern westwärts. Dann ließ er sich am Straßenrand nieder, den Rücken an einen Baum gelehnt, und überdachte seine Lage, schwer atmend. Er fand, sie war nicht ohne Hoffnung.

Er mußte nur weiterlaufen, immer nach Westen, und die nächsten Ortschaften meiden. Irgenwo konnte er dann untertauchen, in einer größeren Stadt am besten, unter fremdem Namen, ein unbekannter Flüchtling, durchschnittlich und arbeitsam.

Er warf den Revolver in den Straßengraben und stand auf. Im Gehen fiel ihm ein, daß er vergessen hatte, das Eiserne Kreuz wegzuwerfen. Er tat es.

Arbeitsanregungen

1. *Bewahrt nach der ersten Lektüre des Textes euer Schweigen. Schreibt eure Empfindungen und Gedanken zu dem dargestellten Geschehen auf. Wer selbst möchte, sollte dann seine Notizen vortragen und zur Diskussion stellen.*
2. *Warum gestaltet der Autor seine Geschichte wohl so skizzenhaft?*

3. *Wie erklärt ihr euch das Verhalten des Papierhändlers, seiner Frau und seiner Tochter?*
   - *Tragt eure Kentnisse über die politische und ideologische Beeinflussung der Menschen in Nazideutschland zusammen.*
   - *Bezieht die Zeichnung des Schriftstellers Günter Kunert (vgl. auch S.70 ff.) ein. Kunert symbolisiert treffend zwei wichtige Methoden der Einflußnahme im nationalsozialistischen Deutschland.*
   - *Warum haben sich viele Mitglieder der NSDAP, aber auch andere Menschen, beim Zusammenbruch des Hitlerreiches mit ihren Familien das Leben genommen?*
   - *Schreibt einen fiktiven Abschiedsbrief des Papierhändlers, in dem die Motive seiner Tat, aber auch seine Ängste deutlich werden.*
   - *Gestaltet einen möglichen Dialog zwischen Mutter und Tochter auf dem Weg zur Todesstätte.*
4. *Die Erzählung trägt den Titel „Das Eiserne Kreuz", und zweimal wird diese Kriegsauszeichnung im Text erwähnt. Welche Bedeutung besaß das Eiserne Kreuz für den Soldaten und für die meisten Deutschen? Welche Bedeutung erhält es in dieser Erzählung?*
5. *Untersucht „Rückweg" und Zukunftsvision des Papierhändlers (S. 68, Z. 19 ff.) Was stellt er sicht vor, und welche Wertung des Autors ist darin verborgen?*

Günter Kunert Illustration zu „Alltägliche Geschichte einer Berliner Straße" (Zeichnung, 1977/78)

Günter Kunert

Günter Kunert, am 6. 3. 1929 in Berlin geboren, aus „rassischen Gründen“ vom Oberschulbesuch ausgeschlossen, lernte nach Schulabschluß in einem Textilgeschäft und widmete sich nach dem Kriege einem Kunststudium.

Seit 1950 schrieb er Gedichte, Prosa und Texte für Funk, Film und Fernsehen. Sein Eintreten für Wolf Biermann führte zu verstärkter Isolierung in der DDR; seit 1979 lebt er bei Itzehoe (BRD).

Kunerts vielseitiges künstlerisches Schaffen ist durch eine radikale Entwicklung gekennzeichnet: Sein kritisch-produktives Mitwirken bei der Schaffung einer neuen Gesellschaft im Osten Deutschlands weicht allmählich der scharfen Analyse, der Entlarvung, dem persönlichen Abrücken, als er die zunehmenden Widersprüche zwischen angestrebtem Gesellschaftsmodell und sozialistischer Realität erlebt. In Anbetracht der globalen Welt- und Menschheitsprobleme haben sich längst Zweifel und Warnung, Trauer und Pessimismus im Werk Kunerts vertieft, was wiederum seine erstaunliche poetische Experimentierfreudigkeit verstärkte. Aus der Fülle der Bücher seien genannt: „Wegschilder und Mauerinschriften“ (1950), „Tagträume“ (1964), „Verkündigung des Wetters“ (1965), „Unschuld der Natur“ (1966), „Im Namen der Hüte“ (1967), „Notizen in Kreide“ (1970), „Ortsangaben“ (1971), „Ein englisches Tagebuch“ (1978), „Zurück ins Paradies“ (1984).

Günter Kunert Die Waage

Alles ist einfach. Weil alles in zwei Teile zerfällt, was unsere Eltern noch nicht wußten, und eine Waage bildet; die unsichere Hand zeichnet sie mit Kopierstift auf feuchten Bierfilz. Schau her, Döskopp: Das ist die Welt, ein Strich teilt sie in Hälften, so und so, und jetzt ist es eine Waage. Eine Seite selbstverständlich schwerer als die andere, welche ist klar: Wo wir draufsitzen. Weil wir draufsitzen.

Prost – auf den Orden[1], dessen rotemaillierter Trägerbalken seit heute vormittag im rechten Rockaufschlag steckt: Für vorbildliche Planerfüllung. Das kannten unsere Eltern nicht, die beiden zerbröselnden Skelette daheim unter ihren einsinkenden Hügeln, verwildert seit langem, weil der Totenkult lächerlich ist. Wir sind doch keine alten Ägypter.

Moderne Menschen, Mitstreiter im Kampf der Kämpfe, entkamen der Dunstglocke des Aberglaubens beizeiten; ihr Weihrauch steigt aus gemütlichen Zigarren, und das Weihwasser serviert eine barmherzige Schwester, die alles andere als eine Nonne ist: Man überzeuge sich davon nach Lokalschluß.

Noch eine Lage Bier.

Noch eine Runde Lebenslust aus der Flasche mit dem russischen Etikett. Hört mal her, unsere Erzeugerskelette, als sie noch keine waren, existierten auf belächelnswert altertümliche Weise in der Lautlosigkeit ihres hölzernen Zimmers, wo sie sich jeden Abend gegenübersaßen, über ein Buch geneigt, über ein zurückgebliebenes gewiß, über stumpfsinniges Strick- oder Häkelzeug, über ein handwerkliches Irgendwas,

1 *Orden:* In der DDR wurden zu bestimmten – zumeist politischen – Jahreshöhepunkten Werktätige für ihre guten Leistungen mit Orden und Medaillen geehrt.

daran Mühe wenden, sie verschwenden hieß; saßen da und spürten nicht das mächtige Mahlwerk, das System[1], darin sie staken und zerrieben wurden unter dem goldenen Schimmer ihrer Petroleumlampe, ausgeliefert Kursschwankungen der Börse, Viren, Bazillen, Generalstäben, Zeitungen, Götzen, Göttern, Uranos[2], dessen Vergewaltigung, dessen Notzucht der Erde sie ungestört hinnahmen.

Wir nicht. Wir arbeiten an der Abschaffung der Nacht. An der Einführung der Vernunft. Wir sind nicht so blind wie die Maulwürfe, die nichts taten, als uns zeugen und gebären, um rasch wieder unter dem Boden zu verschwinden, auf dem wir es uns anders einrichten: besser.

Unter einem fremden Blick trinken sie, die geräuschvollen, die ihres Daseins sicheren Gäste, fünf insgesamt, aber spüren ihn nicht, da er über sie hinweggeht aus Augen, die zu hoch an der Wand hängen und Herrn Dr. Marx[3] gehören, aber zu schlecht gezeichnet sind, als daß er viel sehen könnte. Und sähe er was, was sollte er sagen mit dieser gegen seinen Mund gepreßten Glasscheibe, mit der Pappwand am Hinterkopf, eingezwängt in vier Goldleisten. Auch wurden ihm weder Stimmbänder noch Gemüt durch jene Flüssigkeit aus der russischen Bottle[4] gelockert, so daß er sich nach mehr als achtzigjährigem Schweigen umständlich und langfristig räuspern müßte, um wenigstens „Cheers"[5] zu sagen oder eine andere Nettigkeit zu seinen Nachfahren, die inzwischen fast alle Probleme gelöst, fast alle Fragen geklärt haben. Er vernimmt schweigend, wie einfach es heute sei: Konsonanz, Akkord, Homophonie[6], Gleichklang, Einstimmigkeit; die von ihm aufgedeckten klassischen Antagonismen[7] abgeschafft, beseitigt! Heute, lieber Genosse Karl[8], zerfallen wir in Gesellschaftsnützliche und Nichtnützliche, wobei einem durch ein bißchen emailliertes Blech[9] bestätigt ward, man gehöre der Kategorie[10] an, der man sich ohnehin zuzählte.

1 *System:* hier: System des Kapitalismus, das die Eltern ausgebeutet hat

2 *Uranos:* Ahnherr des griechischen Göttergeschlechts; hier: Symbol für die Vernichtung menschlicher und globaler Werte in der erste Hälfte des 20. Jahrhunderts

3 *Dr. Marx:* Karl Marx (1818 – 1883), Theoretiker und Führungsgestalt der internationalen Arbeiterbewegung; Wegbereiter sozialistischer Revolutionen und entsprechender Gesellschaftsversuche; viele öffentliche Räume in der DDR waren mit Bildern von Marx geschmückt.

4 *russische Bottle:* eine Flasche (engl. bottle) mit russischem Schnaps, d.h. Wodka

5 *Cheers (engl.):* Prost! Zum Wohl!

6 *Konsonanz:* harmonisches Zusammenklingen
Akkord: Zusammenklang mindestens zweier verschiedener Töne
Homophonie: im Vordergrund stehende, von anderen Stimmen unterstützte Melodiestimme in einer Komposition; hier sollen alle Übertragungen aus der Musik auf angestrebte Harmonie und gewünschten Gleichklang des Lebens in der sozialistischen Gesellschaft verweisen

7 *klassischer Antagonismus:* nach Marx der unversöhnliche Widerspruch zwischen den verschiedenen gesellschaftlichen Klassen bzw. sozialen Gruppen in der Klassengesellschaft

8 *Genosse Karl:* Karl Marx

9 *emailliertes Blech:* der Orden

10 *Kategorie:* hier: Gruppe von Menschen

Es ist eine Waage: In der einen Schale steigt die menschliche Spreu nach oben, zu leicht befunden, in der anderen sitzen wir; wir hier um unseren Stammtisch, goldrichtig, schwergewichtig, zukunftsträchtig. Sitzen und reden, bis die zweizeigrige Pflichtmahnerin spricht: Vergiß nicht deinen Dienst. Keine Lage, keine Runde mehr, sondern zahlen.

Durch das fliegenbekackte Glas nimmt Karl Heinrich[1] undeutlich wahr, wie die fünf sich erheben; vier bewegen sich mit forciert[2] forschen Schritten auf den Ausgang zu, indes der fünfte, der mit blinkender Knopflochfüllung, einen elfenbeinfarbenen Sturzhelm vom Wandhaken hebt, der bediensteten Anti-Nonne einen Geldschein zusteckt, seinen Schenkel an ihr nachgiebiges Fleisch preßt, flüstert, was Dr. Marx nicht verstehen, sich aber denken kann, um endlich eilig den anderen hinauszufolgen.

Gleich darauf wird draußen ein Motor angefacht, Dröhnen und Heulen, abklingen, leiser werden, wegknattern über die Landstraße, die jetzt von dem vorwärtsrasenden Scheinwerfer des Motorrades zu einem weißen Tunnel verwandelt wird, über den sich das Gebirge überflüssiger Nacht wölbt. Dahin auf der Maschine, die Geschwindigkeit und Lebensgefühl produziert. Auch vom Motorrad aus betrachtet ist alles einfach, weil es immer vorangeht, immer voran. Wer fährt, befindet sich stets in Übereinstimmung mit der Straße, gleich welcher, sie bringt einen ja an ein Ziel, wie man hoffen darf. Vorerst jedoch und jedenfalls hin zu den Schornsteinbäumen am Horizont, deren Wipfel, Unruh unter allen, glutgefärbt wehend und dampfend sich über die Landschaft verbreiten. Da hinten am Horizont stellen sie her, was durch dünnen Draht zu jedermann gelangt, Licht leuchten und Maschinen laufen läßt, und wovon man nicht genau weiß, was ist das eigentlich, das da aus den Steckdosen fließt. Ein unzeitgemäßes Mirakel[3].

Sich stark fühlen, fünfundzwanzig PS stark, stark, weil die rauchenden Türme mit der blutig leuchtenden Krone der Gegenwart den dringlich erwarten, der auf zwei Rädern durch den selbstgefertigten Lichttunnel auf sie zurennt, nicht rechts, nicht links schauend: Stark aus dieser Gewißheit, die die Drehzahl unter dem Hintern erhöht.

Die Essen[4] steigen unaufhaltsam. Lichter verkünden hinter der nächsten Kurve: Gleich bist du angelangt. Du kommst noch zurecht. Den du ablöst, der kann sich auf dich verlassen. Alle können es, die heute nacht Kaffee kochen, ungeduldige Blinddärme entfernen, in Kinos hocken, Kräne unter Flutlicht umherschwenken. Du bist gleich, gleich, gleich da.

Da geschieht, daß eine Gestalt im Scheinwerferlicht auftaucht: plötzlich und unerwartet. Als würfe sie einer dem Fahrer vors Motorrad, um ihm den wichtigsten Weg zu verlegen: den zur Pflichterfüllung. Zu spät erkennt die mottenhafte Figur den Heranrasenden, der seinerseits zu spät die Bremse betätigt, vor sich sekundenlang

1 *Karl Heinrich:* Vornamen von Marx
2 *forciert:* heftig, beschleunigt
3 *Mirakel:* Wunder
4 *Esse:* Schornstein

eine schreckstarre Maske, durchbrochen von drei schwarzen Löchern: Auge, Auge, Mund, aus denen sich das Nichts vorarbeitet. Es erfolgt der Zusammenprall, der Aufschluß gibt, wie weich, wie nachgiebig, sackartig ein Körper wirkt, fährt man mit dem Motorrad in ihn hinein. Nach der als zeitlupengleich empfundenen Kollision[1], liegt eine schlappe, beutelige Sache da, hutlos, weißhaarig, stößt Lallen aus und stinkt nach Bier und Schnaps. Alt und besoffen, wenn man das ist, gilt es, sich vor Straßen zu hüten, und seien sie noch so nächtlich vereinsamt wie diese hier – was hastig festgestellt wird. Man ist allein. Allein mit der Barriere, die den Weg versperrt, die der Zufall aufgerichtet hat. An Schicksal wird nicht geglaubt. Jeder schmiedet seines selber, und das vordere Schutzblech kann man ausbeulen. Der Abzulösende wartet. Es warten die Generatoren[2], die Turbinen[3], die Schornsteine, die Einwohner darauf, daß alles seinen Gang gehe. Da heißt es, sich entscheiden. Abwägen. Auf der Waage, die jeder in sich trägt: Da verschiebt man betrügerisch die Gewichte vor sich selber; da tritt man auf den Anlasser, da schwingt man sich auf den kunstledernen Sattel und betritt die Zentrale, da der Wartende schon die Mütze aufsetzt und unruhig das Zifferblatt über der Schalttafel aus Marmor mustert.

Und die Nacht beginnt wie sonst in dem ausgedehnten Raum und im Angesicht pendelnder oder schwach bebender Zeiger, indem Kaffe gekocht wird: Heißer Trank, erbarme dich meiner. In der braunen Brühe, die Wohlbehagen durch die Adern pumpt, ertrinkt, versäuft, versackt, was sich als Schemen hinter der Scheibe eines Voltmeters wälzt. Schwamm drüber, Kaffee drüber.

Kontrolle. Spannung nachregeln. Telefon: Keine besonderen Vorkommnisse, kein Staub, kein Schmutz auf dem glänzenden Linoleum, keine schnapsstinkende, keine greisenhafte Spreu aus der oberen Schale.

Stunde um Stunde, Zigarette um Zigarette wird die Zeit von ihrem eigenen Fortschritt dahingerafft und verschwindet spurlos; Hand um Hand wird in der Toilette gewaschen, das Gesicht dazu, das über dem Waschbecken im Spiegel schwebt: spurenlos.

Später steigt die Sonne aus dem Gummiarabikum[4], aus dem Kleister hinter den städtischen Dächern, so zäh nämlich, so zögernd, als halte etwas sie davon ab, an den Tag zu bringen, was geschehen ist. Dann erscheint ihr Gefunkel über den Schindeln, Helligkeit, Klarheit, der Tag, die Ablösung: Keine besonderen Vorkommnisse. Man gibt einander die Hand, der eine nimmt seine Mütze ab, der andere setzt die seinige auf und geht hinaus: So einfach ist alles. Die Gespenster, die Geister, Spukbolde, Widergänger[5] sind verbannt in die Turbinen, wo ihr Jaulen, ihr Zischen und Toben die Schaufelräder rasend macht.

1 *Kollision:* Zusammenstoß
2 *Generator:* Maschine zur Umwandlung von mechanischer in elektrische Energie
3 *Turbine:* Maschine zur Umwandlung von kinetischer in mechanische Energie
4 *Gummiarabikum:* alter Begriff für Klebstoff
5 *Widergänger (auch: Wiedergänger):* der auf der Erde umgehende Geist Verstorbener

Draußen umfängt eine milde Luft den müden Mann, aber sie ist nicht allein. Während der Morgendämmerung sind vor der Tür zwei Polizisten aus dem Rasen gewachsen, sie reißen ihre blinkenden Wurzelstiefel los, zeigen, daß sie gehen können, und zwar dem entgegen, dessen Motorrad sie an der Gebäudemauer gefunden haben: Zwischen Vorderrad und Scheinwerfer die Deformation[1], an der heute nacht ein alter Mann verstorben ist.

Wo Warten für den Normalstand menschlicher Existenz gehalten wird, in der Stätte des Unbehagens, des staatsbürgerlichen Traumas[2], sitzt stets ein Uniformierter schreibend hinter einer Schranke, harrt eine unbequeme Bank verdächtiger Gesäße, und hängt er an der Wand: der Bärtige. Jennys Gatte[3], dessen Kinder nicht über den Schatten des Vaters zu springen vermochten, Fluch der Sprößlinge bedeutender Persönlichkeiten; hängt still an der Wand, zwar nicht Fleisch, aber doch Farbe und Karton gewordene Wirklichkeit des alten Märchens vom Hasen und Igel, der immer schon da ist, wo man auch eintrifft. Selbst wenn der Hase den Gashebel am Motorrad ganz aufdreht, er kommt doch zu spät und weiß es nicht.

Warten. Ein Protokoll wurde bereits aufgenommen, eine Aussage gemacht, eine Sachlichkeit als angenehm empfunden. Warten.

Geräusch der von Amtsfingern unbeholfen benutzten Schreibmaschine stört nicht die Gelassenheit des Wartenden; nicht stört der leere und gleichzeitig konzentrierte Ausdruck des Schöpfers einer Theorie, die zur materiellen Gewalt wird[4], falls oder wenn sie die Massen ergreift. Gemächlich wird eine Zigarette entzündet und das verwunderte Stocken der Schreibmaschine ignoriert; polizeilicherseits bevorzugt man anderes Verhalten: Unruhe, Unsicherheit, Angst, Reue, Verzweiflung, keine Selbstsicherheit.

Warten.

Während Akten in unverständlicher Zeremonie von Tür zu Tür getragen werden, schweigend und bedrohlich. Warten: Zwei Aktenträger raunen sich eine Bemerkung oder einen Befehl zu, Türen klappen: Warten.

Unbegreifliches Zeitverschleudern: Man gab alles zu Protokoll, sagte alles aus, verheimlichte nichts, im Gegenteil: Man hat außer dem äußeren Vorgang den inneren erklärt, hat die Waage dargestellt, freilich ohne Kopierstift und Bierfilz, bloß mit Worten, jedoch eindringlich und nachdrücklich genug. Daß da etwas abzuwägen war auf dem holprigen Pflaster im unsicheren Schein überalterter Laternen, nachdem. Nutz oder nichtnutz, das war hier die Frage. Nützlich was für wen. Nicht umsonst

1 *Deformation:* Verformung

2 *Trauma:* Erschütterung, Schock; Stätte des staatsbürgerlichen Traumas: hier: Polizeirevier

3 *Jennys Gatte:* Jenny von Westphalen war die Gattin von Marx

4 *Theorie, die zur materiellen Gewalt wird:* Gedanke von Karl Marx über die Aktivierung der Volksmassen zur gesellschaftlichen Veränderung

gelernt. Alles im Zusammenhang sehen. Gelernt: Alles dialektisch betrachten[1]. Gelernt: Einzelinteressen treten zurück, du bist mein Zeuge da oben an der Wand: Sprich für den Nachgeborenen und gib zu Protokoll.

Die Lippen, von Unmengen Bart getarnt, werden auf einmal sichtbar, ein Beben öffnet sie. Die Maschine klappert. Akten wandern hin und her. Erst war die Erde eine Scheibe, nun eine Kugel, aber das bleibt nicht so. Kein Gedanke an Tod nach dem geringfügigen Zusammenprall, nach dem trunkenen Lallen am Boden, nach dem Blick auf die Waagschale, die sich unter der manipulierten[2] Last von Schornsteinen, Turbinen, Menschenmassen, einer Kugel gar tief, tief senkte, so daß die andere Schale völlig aus dem Blickfeld stieg.

Hinter der Scheibe zwischen vier eichenen Leisten haben die Lippen zu arbeiten begonnen, bilden ganz deutlich Sprache, wie der Wartende erkennt, die er nicht hört. Hebt sich also von der Bank, kreuzt den Raum und gelangt unter das Löwenhaupt, das zu ihm spricht. Die Schreibmaschine schweigt vor Betroffenheit endgültig.

Befände sich nicht die Glasscheibe dazwischen, die Worte wären vernehmlich. Aber würden sie von den Worten abweichen, die man von ihm längst kennt? Man weiß doch alles von ihm, beinahe zu viel schon, und was Neues ließe sich nach achtzig Jahren von dem alten Mann kaum erfahren. Man darf sich daher beruhigt von dem Bild abwenden, welches ein personifiziertes Gespenst[3] zeigt, das in Europa, das auf allen Kontinenten, das in Großhirnrinden umgeht, immer das gleiche und immer ein anderes zugleich.

Geruhsames Abwenden in das Angesicht zweier Polizisten, deren Stimme kein Glas eindämmt, die einem in den Ohren dröhnt, o Jericho:[4] Sie müssen hierbleiben, hierbleiben, hierbleiben.

Aber wieso und warum und weshalb denn hierbleiben in der unrichtigen Hälfte, auf der falschen Seite, durch die man zum Staub erhoben wird: Nein, nicht hierbleiben. Eure Gewichte sind falsch geeicht. Nicht hierbleiben, nicht hier!

Es bedarf einiger Mühe, den Protestierenden in eine jener kahlen Kammern zu schaffen, in der sich keine Porträts befinden. Hier kann sich der Hase für allein ans Ziel gekommen halten.

1 *alles dialektisch betrachten:* Bezug zur marxistischen Lehre, dem dialektischen Materialismus; die zur Phrase verkommene „Dialektik" muß zu allem herhalten, hier zur Bemäntelung einer Straftat

2 *manipuliert:* beeinflußt, gesteuert

3 *ein personifiziertes Gespenst:* Anspielung auf den Beginn des Manifests der Kommunistischen Partei von Marx/Engels „Ein Gespenst geht um in Europa – das Gespenst des Kommunismus."

4 *o Jericho:* Der Schall von Posaunen soll die Mauern des biblischen Jericho zum Einstürzen gebracht haben (Sinnbild des Weltgerichts).

Albrecht Dürer Vom Ende der Macht
(Holzschnitt)

Arbeitsanregungen

1. *Günter Kunert beginnt seine Erzählung mit einer Diskussion in der Kneipe. Welche Theorien und Einzelüberlegungen offenbart der Sprechende? Versucht, in seine (nicht nur vom Alkohol) vernebelten Darlegungen einzudringen und sie ein wenig zu systematisieren.*
2. *Während der nächtlichen Motorradfahrt, die zu dem furchtbaren Unfall führt, verbinden sich für den Angetrunkenen Momente der vorhergehenden Diskussion mit Fahrteindrücken.*
   - *Gebt solche Gedankenverbindungen wieder.*
   - *Wie rechtfertigt der Unfallverursacher seine Haltung nach dem Unglück vor sich selbst?*
3. *Warum geht der Unfallverursacher so gelassen zur Vernehmung?*
4. *Das Bild von Karl Marx spielt in der Erzählung eine wichtige Rolle. Wann und wie bezieht es der Autor ein?*
5. *Man muß Kunerts Geschichte sehr aufmerksam lesen, um alle inhaltlichen Sachverhalte und viele ironisch und kritisch gemeinte hintergründige Einzelheiten zu verstehen. Mit welchen erzählerischen Mitteln erreicht der Schriftsteller solche Wirkung? Beachtet z. B. Spannungsaufbau, Erzählperspektive, sprachliche und syntaktische Gestaltung, Wortwahl und Ironie.*

6. *Diese sehr anspruchsvolle Geschichte Kunerts soll weit über den Einzelfall der Fahrerflucht hinausweisen, die aus der Sicht des Verursachers gesellschaftlich entschuldigt ist.*
   - *Welche Erscheinungen aus dem Leben und Denken, aus öffentlicher Propaganda und dem Alltag der DDR findet ihr im Text?*
   - *Auf welche Fehlhaltungen von Menschen und Menschengruppen, die das gesellschaftliche System der DDR bedingt und begünstigt haben, will Kunert grundsätzlich aufmerksam machen?*
7. *Das „Wirken" der politisch und juristisch verblendeten Hauptfigur aus Kunerts Geschichte von 1968 nimmt ein vorläufiges Ende. Sie hatte geglaubt, unbegrenzte Macht zu besitzen. Schon 1494 bemerkte Sebastian Brant in „Vom Ende der Macht":*

   So große Macht auf Erd nie kam,
   die nit bisweilen End auch nahm,
   wann ihr das Ziel und Stündlein kam.

   Albrecht Dürer fertigte dazu einen trefflichen Holzschnitt an (vgl. Abb. S. 76). Setzt Kunerts Geschichte, das Bild und die Wirklichkeit zueinander in Beziehung. Bereitet einen Vortrag vor, den ihr in der Klasse als Grundlage für eine Diskussion über die gesellschaftliche Macht und das Verhältnis des einzelnen Menschen zu ihr haltet.

Joachim Nowotny

Joachim Nowotny, am 16. 6. 1933 als Arbeitersohn in Rietschen (Oberlausitz) geboren, arbeitete nach Zimmermannslehre, Abitur und Germanistikstudium seit 1958 als Verlagslektor, danach als freischaffender Schriftsteller und seit 1967 am Literaturinstitut zu Leipzig.

Neben Kinderbüchern („Der Riese im Paradies", 1969; „Abschiedsdisko", 1981) und Hörspielen schrieb er Erzählungen, die von genauer Beobachtung des alltäglichen Lebens und bemerkenswerten menschlichen Haltungen in der heimatlichen Landschaft der Oberlausitz zeugen („Sonntag unter Leuten", 1972; „Ein seltener Fall von Liebe", 1978). Obwohl Nowotny als Schriftsteller durchaus Anklang fand, blieben das Konfliktpotential seiner Texte (z. B. Gefährdung der Umwelt, Verlust moralischer Werte) und seine (stillen) Mahnungen in der DDR ohne besondere gesellschaftliche Resonanz.

Joachim Nowotny Legende von der Sintflut

Nehmen wir den Hut ab, Herrschaften, wir stehen hier auf dem Berge Jemine und sehen in eine fromme Gegend. Das meiste bleibt zwar im Nebel, aber des Menschen Geist ist auch nicht ohne; was er nicht sieht, daran kann er sich erinnern. Dort hinten, wo der Dunst so ins Blaue übergeht, da liegt ungefähr dieses Görlitz, und da denken wir bloß an einen gewissen Flickschuster, dem im Jahre 1600 die Erleuchtung beim

Betrachten eines simplen Zinntellers kam. Jakob Böhme[1] hieß der Mann, und er war fortan einer der größten Querdenker und Mystiker[1] unseres Kontinents. Ein bißchen näher zu uns, aber sonst gleich nebenan, haben wir Herrnhut[2] und Berthelsdorf[2] – da muß ich uns wohl auf die Sprünge helfen und Graf Zinzendorf[2] oder die Brüdergemeinde[2] nennen, ehe der Groschen fällt. Na, also! Den alten Lessing[3] lassen wir hier lieber weg, erstens liegt dieses Kamenz[3] eine Kleinigkeit zu weit vom Schuß, und zweitens war der Mann nur am Anfang seines Lebens einer von den Frommen – er paßt also nicht in unseren Streifen. Nehmen wir lieber die halb sorbischen[4], halb deutschen Dörfer da unten, von denen wir die Dächer und Kirchturmspitzen sehn, dort gibt es heut noch zu Fronleichnam[5] ordentliche Prozessionen[6] mit grüngestreuten Wegen und Polizeiabsperrung. Und wenn die Kinder über einen Stein fallen, dann sagen sie im ersten Schreck nicht „Verdammt!“, sondern ein schön langgezogenes „Jesus Maarja!“[7]. Und wenn wir uns das alles vergegenwärtigt haben, dann können wir den Hut wieder aufsetzen.

Ach so, der Berg Jemine. Er ist zweihundertfünfundsechzigeinhalb Meter hoch, gut geschätzt. Sonst hat er nichts Besonderes, ein paar Felder auf dem Südhang, einen Streifen Nadelwald auf der Nordseite, hier oben ist er ziemlich kahl, und wir müssen uns allen Ernstes fragen, wozu wir ihn überhaupt bestiegen haben. Es kommt selten jemand hierher, höchstens mal ein Pärchen, aber auch dann bloß, um ungestört zu sein. Doch wir sind nun einmal hier und nicht woanders, da wollen wir uns nun auch die Geschichte erzählen, die eigentlich mehr eine Legende[8] ist, vielleicht ist sie wahr, vielleicht halbwahr oder ganz erfunden – hier fließt immer alles ineinander. Halten wir uns deshalb nicht lange bei den Einzelheiten auf, sagen wir einfach, die Sache habe siebenundvierzig stattgefunden oder einundfünfzig, jedenfalls im April, und nehmen wir uns das Dorf Jubowitz heraus, das können wir leicht machen, denn fast alle Dorfnamen enden hier auf -itz. Wenn wir Jubowitz wählen, dann eigentlich nur, weil uns der Kirchturm so gut gefällt; der Architekt hat bestimmt gern Zwiebeln gegessen.

1 *Jakob Böhme (1575 – 1624):* Schuhmacher und bedeutender Philosoph des 17. Jh.; entwickelte eine dialektische Naturphilosophie, die viele Denker nach ihm beeinflußte; wollte als oppositioneller Mystiker ein gottnahes Christentum ohne die Organisationsform der Kirche

2 *Herrnhut usw.:* Seit 1722 siedelten sich Mitglieder der evangelischen Böhmischen Brüdergemeinschaft auf den Besitzungen des Grafen von Zinzendorf an; der Ort Herrnhut und die Herrnhuter Brüdergemeine (bei Nowotny: Gemeinde) entstanden als ein freies und christlich-soziales Gemeinwesen.

3 *Gotthold Ephraim Lessing (1729 – 1781):* geb. in Kamenz; herausragender deutscher Dichter und Literaturkritiker; Vertreter der Aufklärung

4 *sorbische Dörfer:* Dörfer der Sorben, der Nachkommen westslawischer Stämme in der Lausitz (Sachsen), in denen bis heute eigene Sprache und Kultur gepflegt werden

5 *Fronleichnam:* katholisches Fest am zweiten Donnerstag nach Pfingsten, um den „Leib des Herrn“ zu ehren

6 *Prozession:* feierlicher Umzug

7 *„Jesus Maarja“:* „Jesus Maria“; in katholischen Gegenden üblicher Ausruf

8 *Legende:* sagenhafte Erzählung, christliche Heiligenerzählung

Also Jubowitz und im April. Wie in jedem Jahr kam das Hochwasser aus dem Oberland. Sie haben da so einen Graben, auf dem müssen die Enten zu Fuß gehen, wenn sie schwimmen wollen, manchmal aber – und vor allem im April – schwillt er mächtig an, dieser Graben, er überschwemmt mit seinem Wasser die Wiesen und Felder unten im Tal, und alle fünfzig Jahre einmal – auch natürlich im April – kann es vorkommen, daß das Wasser ins Dorf läuft, wenigstens ins Unterdorf. Die Leute müssen dann schnell räumen, sonst holen sie sich nasse Füße. Das Oberdorf bleibt freilich im Trocknen, wenn auch als Insel, also rundum nur mit Kähnen erreichbar. Aber wo nimmt man dann so schnell Kähne her? Meist gibt es da so ein bißchen Panik und Ausnahmezustand, dazu drei Tage und Nächte hintereinander Sturm, Regen und dunkle Wolken, vor allem aber wird das Bier in der Schenke knapp – nun brauchen wir uns bloß noch die fromme Gegend dazu zu denken, und schon haben wir die schönste Gelegenheit für einen ordentlichen Sektenprediger[1]. Der steht auch prompt in diesem mehrmals genannten April auf. Und er heißt Hottas, einfach Hottas. Lang und dürr wie ein Stecken geht er durchs Dorf, bleibt mitten in den Pfützen stehn, hebt die weißen Hände zum Himmel und bietet sein Gesicht den kalten Regentropfen dar. „Herr!“ schreit er mit hoher Singstimme, „Herr, verschone uns!“ Wie das so ist, gleich laufen ihm ein paar Anhänger zu, sechs, sieben vielleicht, das sind dem Hottas zuwenig. „Herr!“ ruft er deshalb weiter, „verdirb uns nicht gänzlich, sondern gib deinem Knecht ein Zeichen, damit er sich mit den Gerechten errette.“

Da wird es den Leuten nun doch mulmig, nicht allen freilich, denn viele haben gar keine Zeit für das Geschwafel, sondern alle Hände voll mit dem Hochwasser zu tun. Aber es bleiben genug übrig. Mit denen zieht Hottas auf den Dorfplatz, dort läßt er sich aus dem Hut eine Art Bittgottesdienst einfallen; zum Unglück ist der zuständige Pastor, der einen solchen Frevel hätte verhindern oder wenigstens in ordentliche kirchliche Bahnen lenken können, zu einer Sitzung. Die Dinge nehmen ihren Lauf, eigentlich beteiligen sich nur die sieben daran, aber als die übrigen nun sehen, wie sich das bei strömendem Regen in die Pfützen wirft und die Hände ringt und sich auch sonst gebärdet, als stände der Weltuntergang bevor, da sind sie, die bloß mitgegangenen, nun doch ganz schön beeindruckt. Und als der Hottas gar mit halberstickter Stimme diesen Weltuntergang für die allernächsten Tage prophezeit, da sagen viele nicht nein und auch nicht ja, sondern bloß: Wer weiß? Da hat der Sektenprediger gewonnen. Noch am gleichen Abend zieht ein bunter Haufe mit Bettzeug und Zehrung[2] im Sack hierher auf den Berg Jemine, allen voran der Hottas mit seinen schlammbespritzten Sieben. Denn er hat durchsickern lassen, daß hier oben Rettung möglich sei, wenn man nur recht inbrünstig daran (und an die übrigen Sektenlehren) glaube. Drei Tage und drei Nächte hockt man also auf dem kahlen Berg Jemine, und

1 *Sektenprediger:* geistlicher Führer einer kleineren religiösen Gruppierung
2 *Zehrung:* Nahrung, oft: Wegzehrung: Nahrung für den Weg

die Sache geht aus wie das Hornberger Schießen[1]. Natürlich! Nur die Anhängerschar Hottas' ist etwas größer geworden, ganz überraschend, wenn man bedenkt, aber so sehr doch auch wieder nicht. Denn 150 Stunden zwischen Schlaf und Ekstase[2] bei strömendem Regen und Sturm, bei Finsternis und steigendem Hochwasser, das macht den Vernünftigsten kopfscheu, da merkt auch der kritische Geist nicht mehr, daß er eigentlich ganz schön verladen worden ist.

Dies wäre nun schon die ganze Geschichte. Wir müssen sie aber nicht unbedingt glauben. Je länger wir nämlich darüber nachdenken, um so mehr Zweifel kommen uns.

Gab es denn keinen – so fragen wir uns –, der dem Hottas rechtzeitig auf die Finger klopfte? Der ihn unter Umständen sogar ins Spritzenhaus sperren ließ, und zwar für so lange, wie das Hochwasser anhielt? Darauf müssen wir antworten: Es gab mehrere, eigentlich bloß einen, weil es immer nur einen gibt. Der hieß Fiebig. War Bürgermeister in Jubowitz und Kommunist obendrein, schon von früher her. Sein Dasein macht die ganze Geschichte so unwahrscheinlich für uns. Hätte er sie nicht in die Hand bekommen, auf seine Art zwar, aber doch so, daß sie ganz anders endete? Auch das müssen wir uns fragen. Am besten wir erzählen die ganze Angelegenheit noch einmal, da wird sie vielleicht eine Spur wahrscheinlicher.

Also wieder Jubowitz als Insel, Dreitageregen, Sturm, und Himmelsgräue und nun auch Fiebig. Der steht am Fenster und sieht den Hottas samt seinen sieben Anhängern büßend in der Pfütze. Die Schar der Neugierigen und Ungewissen sieht er auch. Er zählt sie, und es sind ihm zuviel. Es ist eine zweite Flutwelle für Mitternacht gemeldet, da braucht er jede Hand gegen das Wasser. Was also tun? Er ist ja nun König hier, der Fiebig, von aller Welt abgeschnitten, also könnte er einfach durchgreifen und den Hottas verhaften lassen.

Aber das tut der Fiebig nicht. Es geht ihm gegen den Strich, einem Gegner im Geiste mit plumper Administration[3] zu begegnen, da hat er nun mal seinen Stolz. Nein, er tut etwas Schlaues, der Fiebig, er bestellt den Sektenprediger zu sich aufs Amt, setzt sich hinter den Tisch, denn er ist klein und rundlich und dem langen Hottas nur im Sitzen gewachsen. Anderthalb Stunden dauert die Konferenz zwischen den beiden, es können auch zwei gewesen sein, aber nicht mehr, denn die Zeit drängt. Und die Leute wollen ein Ergebnis.

Fiebig kämpft verbissen mit seinem gemütlichen Sächsisch gegen die eifernde Predigerstimme, aber er erficht keinen Sieg. Hottas bleibt bei seiner Prophezeiung, die Welt wird untergehen mit allem, was da kreucht und fleucht, ausgenommen der Berg Jemine. Da ändert Fiebig seine Taktik. Mit viel List und ein wenig Druck fragt er nach Details. Hottas wirft sich hin und her auf seinem Stuhl, er schwitzt wie ein

1 *etwas geht aus wie das Hornberger Schießen:* Redensart, die auf die Sinnlosigkeit einer Tätigkeit oder eines Unternehmens hinweist; abgeleitet vom Ort Hornberg, dessen Einwohner vor Jahrhunderten einmal ohne Ergebnis geschossen haben sollen

2 *Ekstase:* rauschartige Verzückung, höchste Begeisterung

3 *Administration:* Verwaltung, Behörde

Brauereipferd, aber er läßt sich nicht von dem gemütlichen Sächsisch fangen. Jeder Prophet ist sofort erschossen, muß er genaue Angaben machen. Wie geht die Welt zugrunde? Bleiben vom Berg Jemine sieben oder neun Meter übrig? Wann geht das Theater los? Kein Kommentar.

„Nun“, sagt Fiebig endlich, „nun, wir werden sehn.“

Und er entläßt den Hottas, holt den Gemeindediener und streut mit seiner Hilfe ein Gerücht unter die Leute. Schlag elf soll der Spektakel[1] losgehen, heißt es, also eine Stunde vor der zweiten Flutwelle. Vom Berge Jemine soll man alles gut mit ansehen können, man muß sich entsprechend einrichten. Vergeblich dreht und windet sich Hottas draußen vor seiner Siebenschar, vergeblich schwört er, daß er kein Wort habe verlauten lassen, denn die Stunde des Herrn sei nicht für des Menschen Ohr, sie stehe allein im Himmel. Und dergleichen mehr. Die Leute hören nicht auf ihn, sie lassen sich von Fiebig einspannen, holen Karbidlampen und Fackeln herbei, packen Proviant und Schlafzeug für die Kinder, die Frauen schmieren Schnittenberge, die Männer tun sich nach Spaten um, alles unter Fiebigs Leitung.

Und als der Abend graut, ziehen sie in geschlossenem Zug hinauf zum Berge Jemine, der Bürgermeister vorweg mit der roten Fahne, denn, so sagt er, wenn jemand nach dem Weltuntergang übrigbleibt, dann müssen Kommunisten dabeisein. Oben angekommen, schickt Fiebig etliche Aufklärungstrupps aus, ein paar müssen das Wasser am Berg beobachten, wie es steigt und fällt, denn es könnte ja eine Sintflut sein, die die Welt verschlingt. Andere lauern vor dem Teufelsloch, das ist eine Höhle gleich hier nebenan, sie spitzen also darauf, ob nicht etwa glühende Lava aus der Erde schieße; damals in Pompeji[2] hat es schließlich auch so angefangen. Wieder andere gehen ein wenig beiseite, um den Himmel nach Besonderheiten abzusuchen, sie sollen rechtzeitig warnen, falls Feuer von oben kommen, wie es in der Bibel heißt. Melder spritzen hin und her, Omas beruhigen die Kinder, die größeren Jungen sollen den Proviant bewachen, aber sie naschen bloß. Alles ist bis ins letzte durchorganisiert, sogar die Pannen sind eingeplant. Fiebig macht das schon. Schließlich stellt er sich mit der Taschenuhr in der Linken neben die aufgepflanzte Fahne, läßt ein großes Reisigfeuer anzünden und hebt den rechten Arm. Den Sektenprediger aber schickt er fünfzig Meter beiseite, dort sei der Schlamm für die büßende Siebenschar besser und tiefer, außerdem brauche er Platz. Dann zählt er laut: 60, 59, 58 und so weiter jede Sekunde auf elf zu, und als er bei null angelangt ist, ruft er laut: „Jetzt!“ und teilt mit dem Arm die Luft, ganz als sei er ein Artillerieleutnant, der Feuer befiehlt. Und es geschieht nichts. Nur die Siebenschar um Hottas winselt im Schlamm, sonst bleibt alles beim alten. Vom Fuße des Berges kommt die Meldung, daß das Wasser eine Handbreit gestiegen sei. Die Flutwelle also, denkt Fiebig, und er ordnet sofort allerlei Maßnahmen an, Sandsäcke müssen gefüllt und gepackt werden, das Vieh wird gesichert, Futtervorräte aus dem Unterdorf werden ins Oberdorf gekarrt – kurz:

1 *Spektakel:* Lärm, Unruhe; hier: der Weltuntergang

2 *Pompeji:* römische Stadt, die im Jahre 79 durch den Ausbruch des Vesuvs verschüttet wurde

Nach zehn Minuten ist alles miteinander beim Scharwerken[1], die im Dorf Gebliebenen und die Bergbesteiger, man kennt sie gar nicht mehr auseinander. Und das ist ganz gut so, denn ein Hochwasser hat seine Tücken, da kann so ein Weltuntergang überhaupt nicht mit.

Dies ist also die Geschichte vom Berg Jemine und dem Genossen Fiebig. Und manchem wird sie gar nicht gefallen, der hätte viel lieber administriert. Aber der soll sich trösten, denn es kann natürlich auch ganz anders gewesen sein, damals neunundvierzig oder einundfünfzig. Bloß wir denken uns, daß es, wenn Fiebig überhaupt dabei war, nicht anders hätte kommen können.

Arbeitsanregungen

1. *Welche Erzählperspektive hat der Autor gewählt? Wie tritt uns der Erzähler dieser „Legende" entgegen, und wie stellt ihr euch die Erzählsituation vor?*
2. *Warum hat der Autor wohl eine so ausführliche Einleitung mit einer Fülle von Details gestaltet?*
3. *Beschreibt die Lage des fiktiven sorbischen Dorfes Jubowitz am Berg Jemine und die besondere Situation, in die die Leute im April jenes Jahres geraten sind.*
4. *Mit welchen unterschiedlichen Absichten stehen sich der Sektenprediger Hottas und der Bürgermeister Fiebig angesichts der drohenden Flutwelle gegenüber? Ermittelt Motive ihres Auftretens und Vorgehens. (Denkt bei Hottas auch an die Wirkung von Weltuntergangslehren in der heutigen Zeit.)*
5. *Wie verläuft die „Auseinandersetzung" zwischen beiden? Fertigt dazu eine Übersicht an.*
6. *Die kleine Legende ist durch eine Fülle spezieller Gestaltungsmittel geprägt, zum Beispiel:*
   - *durchgängige Bewahrung des freundlichen Erzähltons;*
   - *direkte Einbeziehung von Erzähler und Hörer („Nehmen wir den Hut ab ...", S. 77, Z. 1);*
   - *Verwendung umgangssprachlicher Elemente („des Menschen Geist ist auch nicht ohne", S. 77, Z. 2/3; einem „gewissen Flickschuster" kam die „Erleuchtung", S. 77, Z. 5; beim Betrachten eines „simplen" Zinntellers, S. 78, Z. 1);*
   - *Betonung des Ungewissen, Unbestimmten einer Legende („Das meiste bleibt zwar im Nebel ...", S. 77, Z.2; „die Sache habe siebenundvierzig stattgefunden oder einundfünfzig, ...", S. 78, Z. 23/24);*
   - *Ironie („fromme Gegend", S. 77, Z. 2; „ein gewisser Flickschuster", S. 77, Z. 5).*

   Sucht dazu weitere Beispiele aus dem Text.
   Was bewirkt diese künstlerische Gestaltung bei euch als Leser?
7. *Nicht wenige glauben heute, in der DDR haben nur solche Menschen gewirkt wie Kunerts Kraftwerker (vgl. S. 70 ff.), wie Kunzes Sicherheitsbeamte (vgl. S. 83 ff.)*

1 *scharwerken:* arbeiten, schuften

oder wie Fühmanns „hohe Persönlichkeit" (vgl. S. 32 ff.). Doch auch Fiebig ist ein Kommunist, der etwas zu sagen hat.

- *Wie wird er beschrieben?*
- *Warum hat Nowotny wohl eine solche Figur geschaffen?*

8. *Wie bewertet ihr die Haltung des Autors zu religiösen Problemen? Will er das Auftreten eines Sektenpredigers bzw. ängstliche Gutgläubigkeit von Menschen lächerlich machen? Vergleicht dazu Bobrowskis Darstellung des alten Juden Moise Trumpeter (S. 29 ff.).*

Reiner Kunze

Reiner Kunze wurde am 16. 8. 1933 in Oelsnitz/Erzgebirge in einer Bergarbeiterfamilie geboren. Bereits mit 16 Jahren trat er der SED bei. Nach Abitur und Studium der Publizistik und Journalistik (1951 – 1955) arbeitete er bis zu seiner 1959 aus politischen Gründen erfolgten Entlassung als wissenschaftlicher Assistent an der Leipziger Universität.

Kunzes bisher wichtigste Gedichtbände – er ist in erster Linie Lyriker – sind „Sensible Wege" (1969), „Zimmerlautstärke" (1972), „Auf eigene Hoffnung" (1981), „Eines jeden einziges Leben" (1986) und „Wohin der Schlaf sich schlafen legt" (1991).

1976 wurde der Dichter, der sich engangiert gegen die Niederwerfung des Prager Frühlings wandte (deshalb 1968 Austritt aus der SED) und der für Wolf Biermann (vgl. Dokumentarisches, S. 125 ff.) eintrat, aus dem Schriftstellerverband der DDR ausgeschlossen. 1977 mußte er das Land verlassen. Sein Prosaband „Die wunderbaren Jahre" (1976 BRD), dessen Publikation ihm besondere politische Drangsalierung einbrachte, ist als kritische Abrechnung mit der DDR sein bekanntestes Buch. Der eng mit der tschechischen Kultur verbundene Kunze ist auch als Übersetzer tätig.

Er lebt heute in Obernzell-Erlau bei Passau.

Reiner Kunze Element

Auf sein Bücherbrett im Lehrlingswohnheim stellte Michael die Bibel. Nicht, weil er gläubig ist, sondern weil er sie endlich einmal lesen wollte. Der Erzieher machte ihn jedoch darauf aufmerksam, daß auf dem Bücherbrett eines sozialistischen Wohnheims die Bibel nichts zu suchen habe. Michael weigerte sich, die Bibel vom Regal zu nehmen. Welches Lehrlingswohnheim nicht sozialistisch sei, fragte er, und da in einem sozialistischen Staat jedes Lehrlingswohnheim sozialistisch ist und es nicht zu den Obliegenheiten der Kirche gehört, Chemiefacharbeiter mit Abitur auszubilden, folgerte er, daß, wenn der Erzieher Recht behalte, in einem sozialistischen Staat niemand Chemiefacharbeiter mit Abitur werden könne, der darauf besteht, im Wohnheim auf sein Bücherbrett die Bibel stellen zu dürfen. Diese Logik, vorgetragen hinter dem Schild der Lessing-Medaille[1], die Michael am Ende der zehnten Klasse verliehen bekommen hatte (Durchschnittsnote Einskommanull), führte ihn steil

1 *Lessing-Medaille:* Auszeichnung für Schüler in der DDR nach der 10. oder 12. Klasse für ausgezeichnete schulische Leistungen und aktive gesellschaftliche Arbeit

unter die Augen des Direktors: Die Bibel verschwand, und Michael dachte weiterhin logisch. Die Lehrerin für Staatsbürgerkunde[1] aber begann, ihn als eines jener Elemente[2] zu klassifizieren, die in Mendelejews Periodischem System nicht vorgesehen sind und durch das Adjektiv „unsicher" näher bestimmt werden.

Eines Abends wurde Michael zur Betriebswache gerufen. Ein Herr in Zivil legte ihm einen Text vor, in dem sich ein Ich verpflichtete, während der Weltfestspiele der Jugend und Studenten[3] die Hauptstadt nicht zu betreten, und forderte ihn auf zu unterschreiben. – Warum? fragte Michael. Der Herr blickte ihn an, als habe er die Frage nicht gehört. – Er werde während der Weltfestspiele im Urlaub sein, sagte Michael, und unter seinem Bett stünden nagelneue Bergsteigerschuhe, die er sich bestimmt nicht zu dem Zweck angeschafft habe, den Fernsehturm am Alex[4] zu besteigen. Er werde während der Weltfestspiele nicht einmal im Lande sein. – Dann könne er also unterschreiben, sagte der Herr, langte über den Tisch und legte den Kugelschreiber, der neben dem Blatt lag, mitten aufs Papier. – Aber warum? fragte Michael. Der Text klingt wie das Eingeständnis einer Schuld. Er sei sich keiner Schuld bewußt. Höchstens, daß er einmal beinahe in einem VW-Käfer mit Westberliner Kennzeichen getrampt wäre. Damals hätten sich die Sicherheitsorgane[5] an der Schule über ihn erkundigt. Das sei für ihn aber kein Grund zu unterschreiben, daß er während der Weltspiele nicht nach Berlin fahren werde. – Was für ihn ein Grund sei oder nicht, das stehe hier nicht zur Debatte, sagte der Herr. Zur Debatte stehe seine Unterschrift. – Aber das müsse man ihm doch begründen, sagte Michael. – Wer hier was müsse, sagte der Herr, ergäbe sich einzig aus der Tatsache, daß in diesem Staat die Arbeiter und Bauern die Macht ausübten. Es empfehle sich also, keine Sperenzien[6] zu machen. – Michael begann zu befürchten, man könnte ihn nicht in die Hohe Tatra[7] trampen lassen, verbiß sich die Bemerkung, daß er die letzten Worte als Drohung empfinde, und unterschrieb.

1 *Staatsbürgerkunde:* Unterrichtsfach in der DDR zur gesellschaftspolitischen Bildung und Erziehung der Schüler ab Klasse 7

2 *Element:* chemisch unzerlegbarer Stoff, der einen festen Platz in dem von Dmitri Iwanowitsch Mendelejew (1834 – 1907) entwickelten Periodensystem innehat; hier abgewandelt: Element, das nicht mehr im System ausgewiesen ist, d.h. in politischer Hinsicht ein „unsicheres" Element

3 *Weltfestspiele der Jugend und Studenten:* traditionelle Veranstaltungsreihe der weitgehend von den sozialistischen Staaten gestützten demokratischen Weltjugendorganisation; X. Weltfestspiele in Berlin 1973: ca. 25 000 Teilnehmer aus 140 Ländern der Welt

4 *Alex:* Alexanderplatz im Zentrum Ost-Berlins

5 *Sicherheitsorgane:* hier: sachliche Bezeichnung für Dienststellen bzw. Mitarbeiter des Ministeriums für Staatssicherheit der DDR; umgangssprachlich und wertend: Stasi

6 *Sperenzien:* Schwierigkeiten, Ausflüchte, Probleme

7 *Hohe Tatra:* Gebirge in der früheren ČSSR (heute Slowakische Republik), beliebtes Ausflugsziel von DDR-Touristen

Zwei Tage vor Beginn seines Urlaubs wurde ihm der Personalausweis entzogen und eine provisorische Legitimation[1] ausgehändigt, die nicht zum Verlassen der DDR berechtigte und auf der unsichtbar geschrieben stand: Unsicheres Element.

Mit der topografischen[2] Vorstellung von der Hohen Tatra im Kopf und Bergsteigerschuhen an den Füßen, brach Michael auf zur Ostsee. Da es für ihn nicht günstig gewesen wäre, von Z. aus zu trampen, nahm er bis K. den Zug. Auf dem Bahnsteig von K., den er mit geschulterter Gitarre betrat, forderte eine Streife ihn auf, sich auszuweisen. „Aha", sagte der Transportpolizist[3], als er des Ausweispapiers ansichtig wurde, und hieß ihn mitkommen. Er wurde zwei Schutzpolizisten übergeben, die ihn zum Volkspolizeikreisamt[4] brachten. „Alles auspacken!" Er packte aus. „Einpacken!" Er packte ein. „Unterschreiben!" Zum zweitenmal unterschrieb er den Text, in dem sich ein Ich verpflichtete, während der Weltfestspiele die Hauptstadt nicht zu betreten. Gegen vierundzwanzig Uhr entließ man ihn. Am nächsten Morgen – Michael hatte sich eben am Straßenrand aufgestellt, um ein Auto zu stoppen – hielt unaufgefordert ein Streifenwagen bei ihm an. „Ihren Ausweis, bitte!" Kurze Zeit später befand sich Michael wieder auf dem Volkspolizeikreisamt. „Alles auspacken!" Er packte aus. „Einpacken!" Diesmal wurde er in eine Gemeinschaftszelle überführt. Kleiner Treff von Gitarren, die Festival-Verbot hatten: Sie waren mit einem Biermann-Song[5] oder mit der Aufschrift ertappt worden: WARTE NICHT AUF BESSRE ZEITEN. Sein Name wurde aufgerufen. „Wohin?" – „Eine Schweizer Kapelle braucht einen Gitarristen", sagte der Wachtmeister ironisch. Er brachte ihn nach Z. zurück. Das Konzert fand auf dem Volkspolizeikreisamt statt. „Sie wollten also nach Berlin." – „Ich wollte zur Ostsee." – Der Polizist entblößte ihm die Ohren. „Wenn Sie noch einmal lügen, vermittle ich Ihnen einen handfesten Eindruck davon, was die Arbeiter-und-Bauern-Macht ist!" Michael wurde fotografiert (mit Stirnband, ohne Stirnband) und entlassen. Um nicht weiterhin verdächtigt zu werden, er wolle nach Berlin, entschloß er sich, zuerst nach Osten und dann oderabwärts zur Küste zu trampen. In F. erbot sich ein Kraftfahrer, ihn am folgenden Tag unmißverständlich weit über den Breitengrad von Berlin hinaus mitzunehmen. „Halb acht vor dem Bahnhof." Halb acht war der Bahnhofsplatz blau von Hemden und Fahnen[6]: Man sammelte sich, um zu den Weltfestspielen nach Berlin zu fahren. Ein Ordner mit Armbinde fragte Michael, ob er zu einer Fünfzigergruppe[7] gehöre. – „Sehe ich so aus?" – Der Ordner kam mit zwei Bahnpolizisten zurück. „Ihren Ausweis!" Michael

1 *Legitimation:* Ausweis, Berechtigungsnachweis
2 *topografisch:* die geographische Lage betreffend
3 *Transportpolizei:* in der DDR für die Sicherheit auf Bahnhöfen und in Zügen verantwortlich
4 *Volkspolizeikreisamt:* Polizei in der DDR: Volkspolizei
5 *Biermann-Song:* Wolf Biermann (geb. 1936); oppositioneller Liedermacher der DDR (vgl. Dokumentarisches, S. 125 ff.)
6 *blau von Hemden und Fahnen:* Blau war die Symbolfarbe der DDR-Jugendorganisation FDJ (Freie Deutsche Jugend).
7 *Fünfzigergruppe:* Einteilung der Jugendlichen zur Organisation der Fahrt nach Berlin und des dortigen Aufenthalts

weigerte sich mitzugehen. Er erklärte. Er bat. Sie packten ihn an den Armen. Bahnhofszelle. Verhör. Die Polizisten rieten ihm, eine Schnellzugfahrkarte zu lösen und zurückzufahren. Er protestierte. Er habe das Recht, seinen Urlaub überall dort zu verbringen, wo er sich mit seinem Ausweis aufhalten dürfe. – Er müsse nicht bis Z. zurückfahren, sagten die Polizisten, sondern nur bis D. Falls er jedoch Schwierigkeiten machen sollte, zwinge er sie, das Volkspolizeikreisamt zu verständigen, und dann käme er nicht zu glimpflich davon. Ein Doppelposten mit Hund begleitete ihn an den Fahrkartenschalter und zum Zug. „Wenn Sie eher aussteigen als in D., gehen Sie in U-Haft[1]!" Auf allen Zwischenstationen standen Posten mit Hund. In D. erwarteten ihn zwei Polizisten und forderten ihn auf, unverzüglich eine Fahrkarte nach Z. zu lösen und sich zum Anschlußzug zu begeben. Er gab auf. Auf dem Bahnsteig in Z. wartete er, bis die Polizisten auf ihn zukamen. Nachdem sie Paßbild und Gesicht miteinander verglichen hatten, gaben sie ihm den Ausweis zurück. „Sie können gehen." – „Wohin?" fragte Michael.

V. Festival der Freundschaft zwischen der Jugend der DDR und der UdSSR in Karl-Marx-Stadt, Mai 1980 (Fotografie)

Arbeitsanregungen

1. *Was fühlt und denkt ihr nach dem Lesen der kurzen Erzählung?*
2. *Fertigt eine Inhaltsangabe an. Kennzeichnet dabei durch zusätzliche Zwischenüberschriften die verschiedenen Phasen des Geschehens.*
3. *Wie wird der Lehrling Michael von seinen Erziehern behandelt, als man die Bibel in seinem Internatszimmer entdeckt?*
4. *Lest die Auszüge aus der Verfassung der DDR. Welche Bezüge zu Kunzes Erzählung könnt ihr herstellen? Bewertet nun die Handlungsweise der Erzieher. Wer oder was hat sie wohl zu solchem Vorgehen bevollmächtigt?*

1 *U-Haft:* Untersuchungshaft

5. *Welche Bedeutung erhält der Titel der Erzählung, „Element"?*
6. *Welche Urlaubsziele hatte sich Michael ausgewählt? Beschreibt, wie er dorthin gelangen wollte.*
7. *Das Foto auf Seite 86 zeigt eines der von vielen Jugendlichen durchaus begeistert wahrgenommenen Massentreffen in der DDR. Bei den Weltfestspielen 1973 sah es in Berlin ähnlich aus. Warum wollten Sicherheitsorgane und Polizei wohl verhindern, daß Michael nach Berlin fährt?*
8. *Michael begegnet in der Polizeizelle Sängern, die wegen des Biermann-Songs „Warte nicht auf bessre Zeiten" inhaftiert worden sind. Informiert euch im Dokumentarteil über den „Fall" Biermann (S. 125 ff.).*
9. *Bewertet das Verhalten Michaels, äußert also eure persönliche Meinung zu ihm, sein Auftreten und Handeln, seine Fragen und Bemerkungen.*
10. *Welchen Eindruck vom Leben in der DDR vermittelt euch diese Geschichte? Vergleicht dazu Artikel 19/2 der Verfassung.*
11. *Welche über die gesellschaftlichen Zwänge in der DDR hinausführenden Bezüge kann ein heutiger Leser auch herstellen?*

Aus der Verfassung der Deutschen Demokratischen Republik

Artikel 19

1 Die Deutsche Demokratische Republik garantiert allen Bürgern die Ausübung ihrer Rechte und ihre Mitwirkung an der Leitung der gesellschaftlichen Entwicklung. Sie gewährleistet die sozialistische Gesetzlichkeit und Rechtssicherheit.

2 Achtung und Schutz der Würde und Freiheit der Persönlichkeit sind Gebot für alle staatlichen Organe, alle gesellschaftlichen Kräfte und jeden einzelnen Bürger.

3 Frei von Ausbeutung, Unterdrückung und wirtschaftlicher Abhängigkeit hat jeder Bürger gleiche Rechte und vielfältige Möglichkeiten, seine Fähigkeiten in vollem Umfange zu entwickeln und seine Kräfte aus freiem Entschluß zum Wohle der Gesellschaft und zu seinem eigenen Nutzen in der sozialistischen Gemeinschaft ungehindert zu entfalten. So verwirklicht er Freiheit und Würde seiner Persönlichkeit. Die Beziehungen der Bürger werden durch gegenseitige Achtung und Hilfe, durch die Grundsätze sozialistischer Moral geprägt.

4 Die Bedingungen für den Erwerb und den Verlust der Staatsbürgerschaft der Deutschen Demokratischen Republik werden durch Gesetz bestimmt.

Artikel 20

1 Jeder Bürger der Deutschen Demokratischen Republik hat unabhängig von seiner Nationalität, seiner Rasse, seinem weltanschaulichen oder religiösen Bekenntnis, seiner sozialen Herkunft und Stellung die gleichen Rechte und Pflichten. Gewissens- und Glaubensfreiheit sind gewährleistet. Alle Bürger sind vor dem Gesetz gleich.

Artikel 39

1 Jeder Bürger der Deutschen Demokratischen Republik hat das Recht, sich zu einem religiösen Glauben zu bekennen und religiöse Handlungen auszuüben.

(1968/1974)

Volker Braun

Volker Braun wurde am 7. 5. 1939 in Dresden geboren. Vor seinem Philosophiestudium (1960 – 1964 in Leipzig) arbeitete er zur Aushilfe in verschiedenen Berufen; später wirkte er als Dramaturg. Heute lebt er als freier Schriftsteller in Berlin.

Braun ist ein erfolgreicher Lyriker und Dramatiker, der in seinem Schaffen immer wieder kritisch die Differenz zwischen den Idealen und der Realität in der DDR offenlegt. Seine Lyrikbände „Provokation für mich“ (1965), „Wir und nicht sie“ (1970), „Gegen die symmetrische Welt“ (1974), „Training des aufrechten Gangs“ (1979), „Langsamer knirschender Morgen“ (1987) und seine Stücke, etwa „Die Kipper“ (1972), „Hinze und Kunze“ (1973) und „Der große Frieden“ (1979), wurden auf Grund ihrer Konfliktbereitschaft von offizieller Seite nicht selten herb kritisiert. Ebenso gehörte seine Prosa, z.B. „Unvollendete Geschichte“ (1975), „Berichte von Hinze und Kunze“ (1983) oder „Hinze-Kunze-Roman“ (1985) in der DDR zwar nicht zur verbotenen, aber doch umstrittenen Literatur.

Volker Braun Die erste Erscheinung des Neuen ist der Schrecken

Der Dichter Brecht, nach seiner endlichen Rückkehr in das verwüstete aber befreite Deutschland, schickte seine Assistenten aus, die Zeichen des Neuen zu notieren. Die jungen ungelernten Leute kamen mit leeren Blättern. Was habt ihr gesehn, sagte der Meister enttäuscht. Und er lief mit ihnen, in den Sesseln sitzend, über Land. Arbeitsbummelei, Erntegerät im Acker rostend. Halt, rief er, sagt ihr rostige Pflüge? Sieh einer an! Die fürchten nichts mehr. Die nehmen sich wichtiger als ihre Arbeit. Sie denken an sich und nicht an Maschinen. Ihr habt das Neue gesehn. Es ist der Art.

Volker Braun Der Augenzeuge

Als ein Arbeiter in S., der schon Rente bezog, und der im Parteilehrjahr[1] einen Vortrag über den faulenden und sterbenden Kapitalismus[2] gehört hatte – worüber dann weitläufig gesprochen worden war –, von einer Reise zu seinem Sohn im Westen[3] zurückkehrte und, halb im Scherz, bei dem nächsten Zirkelabend[4] gefragt wurde: wie es denn nun im faulenden und sterbenden Kapitalismus gewesen sei?, sagte er bedächtig: „Ja, Genossen – aber es ist ein schöner Tod.“

1 *Parteilehrjahr:* monatliche Schulung der Mitglieder der Sozialistischen Einheitspartei Deutschlands (SED)

2 *faulender und sterbender Kapitalismus:* nach einer im Parteilehrjahr oft verwendeten Definition Lenins, wonach der Kapitalismus seit dem Ende des 19. Jahrhunderts historisch gesehen ein monopolistischer, faulender oder parasitärer und sterbender Kapitalismus (d.h. Imperialismus) ist

3 *Westen:* Bundesrepublik Deutschland

4 *Zirkelabend:* gemeint ist eine Veranstaltung im Parteilehrjahr

Volker Braun Verheerende Folgen mangelnden Anscheins innerbetrieblicher Demokratie

Aus dem Stahlwerk H. wurde der Wahrheit wegen bekannt, daß eine hervorragende Brigade[1], die auf den Namen VORWÄRTS hörte, infolge eines nichtigen Versäumnisses der höheren Ebene[2] zurückfiel auf allen Tabellen des Ruhms[3]. Es geschah in des Jahres letzter Stunde, ein ungeheurer Schnee hatte die Stadt eingemauert, der Sturm verödete den Verkehr, das Werk lag erschlagen. An den Öfen wurden Eisen Schrott Zuschläge knapp, die unbeschäftigten Schmelzer, die hergelangt waren, tranken auf den Ofenbühnen Bier und Korn. Die fertigen Öfen wurden noch sicher abgestochen, der Jahresplan war seit zehn Tagen im Kasten, der Meister V. sah seinen Stars die Allüren[4] nach. Das minimale Verhängnis aber kam, mitternachts kam die Leitung nicht ins Werk, um mit ihnen anzustoßen, wie sie es gewohnt waren, seit es ihr Werk war oder noch länger: seit der russische Direktor[5] mit ihnen die Tassen gehoben hatte auf das neue Jahr. Der Erste Mann[6], der vor dem Werktor wohnte, also hob den Arsch nicht aus dem Sessel, die Schmelzer waren zwei oder vier Stunden durch den Schnee geschlittert, er nicht die zwanzig Meter. Meister V. rief verbissen die hohen Nummern[7] an, die lange Leitung, aber er schien falsch verbunden. Man besorgte selber den Umtrunk und hatte nicht nur das eine zu tun: zu feiern, man mußte auch den Ärger herunterspülen. Der Ärger war groß. Man bedenke: sie blieben hier in dieser bedeutenden Nacht, bei dieser bedeutenden Arbeit, mit diesem bedeutenden Wetter allein, sie bedeuteten nichts. Es war nicht auszudenken, man goß das Flaschenbier und die Kornflaschen, zur Feier und zur Strafe, in den Hals, fröhlich und zornig also, aber zunehmend zornig fröhlich.

Naturkatastrophen haben, in Umbruchszeiten, merkliche Auswirkungen auf die arbeitende Klasse; ich selbst habe, bei Regengüssen oder Planerhöhungen, an mir die befreienden Ausbrüche beobachtet. Meister V., als er mit wunden Fingern aus seiner Bude trat, erkannte die Werktätigen nicht wieder. Sie sangen. Sie hingen ein wenig aus den Monturen. Sie waren nicht mehr gut zu verstehen. Mehrere Kofferheulen verschränkten bedeutende Melodien. Auf den Ofenbühnen tanzten Hilfsschmelzer mit den Verwiegerinnen[8]. Man sah den Meister wohl kommen, eine einzelne Figur, dann ging es rasch abwärts. Auch seine Ebene[9] verlor an Glanz; Leute, die er dirigiert

1 *Brigade:* Arbeitsgruppe in Produktionsbetrieben der DDR
2 *höhere Ebene:* hier: die Leitung des Werkes
3 *Tabellen des Ruhms:* hier: Übersichten bzw. Tafeln zur Wiedergabe der von den Brigaden im Arbeitswettbewerb erzielten Ergebnisse
4 *Allüren:* Überheblichkeit, ungewöhnliches Benehmen, hier: Undiszipliniertheit
5 *russischer Direktor:* nach dem 2. Weltkrieg befanden sich viele ostdeutsche Werke zeitweilig in sowjetischer Verwaltung
6 *der Erste Mann:* der Direktor
7 *hohe Nummer:* Telefon des Direktors bzw. der Werkleitung
8 *Verwiegerin:* Arbeiterin mit spezieller Aufgabe im Eisenwerk
9 *seine Ebene:* hier: die Leitungsebene und Autorität des Meisters

hatte, blickten trüb an ihm vorbei in den Klaren. Er fand kaum zwei drei mildere Gestalten, die moralisch fähig waren, die noch kommenden Öfen zu öffnen. Stattdessen eröffnete sich eine Debatte, nüchtern besehn längst fällig, man nahm sich auseinander wie Maschinen, die zu lange im warmen Regen gestanden haben. Beim letzten Abstich, als es schon keine Bewußtseinfrage mehr war, sondern nur noch eine Frage der Zeit, daß alles in den Sielen[1] lag, wäre eine weibliche Person ums Haar in die glühende, indem das Eisen hineinschoß, Abstichrinne gekippt, Meister V. konnte sie, von ihrem entblößten Körper alarmiert, mit einer Hand abfangen. Bleich und mit zitternden Beinen ging er durch/über die Kollegen und Bierkästen an die letzten Dinge und rief den Werkschutz. Das war das Ende der Schicht, eine bedeutungslose Truppe tappte rückwärts in den Schnee, die ihren Ruhm überlebt hatte, den Schnee vom vergangenen Jahr[2], infolge eines nichtigen Versäumnisses, eines minimalen Verhängnisses zwischen den Ebenen.

Harald Kretzschmar Damit er nicht etwa zu weit sieht ... (Karikatur, 1974)

Arbeitsanregungen

Die erste Erscheinung des Neuen ist der Schrecken

1. *Brecht ließ sich nach seiner Rückkehr aus der Emigration (1947) tatsächlich häufig von seinen Assistenten und Studenten über das „neue Leben" berichten.*
   a) *Was haben die Assistenten beobachtet, und welche Schlußfolgerungen kann man aus der Beobachtung ziehen?*

1 *in den Sielen liegen:* schwer arbeiten, schuften (nach dem Riemenwerk von Zugtieren benannt)

2 *der Schnee vom vergangenen Jahr:* Redensart, die sich auf etwas längst Vergangenes bezieht

b) Warum sieht Brecht in der offensichtlichen Verantwortungslosigkeit der Bauern das Neue? Denkt auch an das Porträt des Dialektikers Brecht und an seine Eulenspiegel-Geschichte (S. 8 f.).

2. *Versucht, die Überschrift der Anekdote zu deuten.*
3. *Wie mögen Leser in der DDR reagiert haben, als sie 1980 oder später Volker Brauns Anekdote lasen?*

Der Augenzeuge

1. *Was haben die Teilnehmer des Parteilehrjahres wohl über den „faulenden und sterbenden Kapitalismus" und damit auch über den „Westen" gelernt?*
2. *Wie versteht ihr die Aussage des Arbeiters nach seinem Westbesuch?*
3. *a) Die Karikatur von H. Kretzschmar (vgl. S. 90) ist einem Buch entnommen, das um 1980 die Teilnehmer der Jugendweihe in der DDR als Geschenk vom Staat erhielten. Die Zeichnung soll die Lage der Arbeitnehmer in der Bundesrepublik Deutschland enthüllen. Beschreibt das Bild, und setzt es in Beziehung zu eurem Wissen von der Welt der Arbeit und der Lebenswirklichkeit der arbeitenden Menschen.*

   b) Stellt euch vor, der alte Arbeiter schaut sich mit seinem Enkelkind das Jugendweihebuch an, und sie stoßen auf die Karikatur. Entwickelt einen Dialog über das, was in der DDR offiziell gesagt wurde, und über die Erlebnisse und die Meinung des Arbeiters.

Verheerende Folgen mangelnden Anscheins innerbetrieblicher Demokratie

1. *Erzählt noch einmal, was sich in jener Silvesternacht am Hochofen zugetragen hat. Wie wird das Verhalten der Stahlwerker begründet?*
2. *Auf welche Beziehungen zwischen der „hervorragenden Brigade" und der „höheren Ebene" läßt der Text schließen?*
   a) im Produktionsalltag
   b) zu Jahreshöhepunkten
3. *Prüft durch exakte Wortanalyse den Titel der kleinen Geschichte.*
   a) Gebt die Aussage des Titels mit eigenen Worten wieder.
   b) Sagt etwas über das wahre Verhältnis von Direktion und Arbeitern. Bezieht euch dabei auch auf Anregung 2.
4. *Welche Absicht verfolgte Braun eurer Meinung nach mit dieser Geschichte? Wie wirkt sie heute auf euch?*
5. *Der Dichter Volker Braun ist ein Meister der Sprache und der Ironie. Findet besonders eindrucksvolle Textstellen heraus, z. B.*
   - *Metaphern („höhere Ebene", S. 89, Z. 3),*
   - *Wiederholungen („Das … Verhängnis aber kam, mitternachts kam die Leitung nicht …", S. 89, Z. 9/10),*
   - *umgangssprachliche Wendungen („der Jahresplan war … im Kasten", S. 89, Z. 8),*
   - *ironische Wortspielereien (sie „blickten trüb … in den Klaren", S. 90, Z. 1).*

Helga Schubert

Helga Schubert (Pseudonym), als Helga Helm am 7. 1. 1940 in Berlin geboren, nach Abitur und Psychologiestudium in verschiedenen psychotherapeutischen und fachpsychologischen Bereichen tätig, arbeitet seit 1977 als freischaffende Schriftstellerin. Sie gestaltet in nüchterner und zugleich entlarvender Weise besonders die komplizierten Lebenssituationen, die inneren und äußeren Konflikte im Leben der Frauen („Lauter Leben", 1975/BRD; „Anna kann Deutsch", 1985; „Das verbotene Zimmer", 1982/DDR; „Blickwinkel", 1984; „Judasfrauen", 1990).

Ebenso hat Helga Schubert Film- und Hörspieltexte sowie Kinderbücher geschrieben. Sie ist auch bekannt geworden durch ihr kritisches und engagiertes Auftreten zu politischen und kulturpolitischen Problemen in der DDR.

Helga Schubert Das Märchen von den glücklichen traurigen Menschen

Es gab einmal einen König, der mit Familie und Dienern in einem wunderbaren großen Schloßgarten wohnte, sich aber oft fast zu Tode langweilte. Früher war er manchmal auf Reisen gegangen, aber der Welt außerhalb des Schloßgartens konnte er nichts abgewinnen. Meist lag er nun in seiner Hängematte an einem schattigen Plätzchen, verdaute die reichlichen Mahlzeiten und schlief dann ein. Hin und wieder jagte er einen weißen Hirsch. Und wenn er ihn nach einigen Wochen erlegt hatte, wurde ein neuer weißer Hirsch in den Schloßgarten gelassen. An Tagen, an denen er sich ganz besonders langweilte, erließ er eine Anordnung oder sogar ein Gesetz für seine Untertanen. Es kam vor, daß er sich auch die Strafen für Gesetzesverstöße ausdachte, doch normalerweise überließ er die Durchführungsbestimmungen, die Kontrolle der Gesetzesbefolgung und auch die Gerichtsbarkeit den Zuständigen außerhalb des Schloßgartens. Denn die wollten ja auch etwas zu tun haben und sich vor allen Dingen nützlich und unersetzbar im Dienst des Königs fühlen.

Eines Tages erließ der König ein Gesetz, das allen Bürgern seines Landes verbot, traurig auszusehen. Er gähnte, schlief ein, und am nächsten Morgen hatte er es schon vergessen.

Aber welche Umwälzung gab es außerhalb des Schloßgartens. In einem Gesetzblatt konnten alle Bürger nachlesen, wie die Strafen aussahen, wenn sie gegen das Gesetz verstießen. Wenn man noch nicht zur Schule ging, fiel man unter das Vorschulernststrafgesetz. Als Schüler unterlag man dem Schulernststrafgesetz. Und als Erwachsener wurde man nach dem Lebensernststrafgesetz verurteilt.

Nach den Wetternachrichten im Fernsehen verlas ein sorgfältig geschminkter Clown mit großem roten lachenden Mund das Gesetz. Abend für Abend. Jahr für Jahr. Das Gesetz und die Strafen.

Und wenn das Neugeborene in der Entbindungsklinik zum ersten Mal schrie, bekam es eine kalte Wasserdusche. Denn Neugeborene verstehen ja noch nicht alle Fernsehansagen. Aber das Schreien und Weinen sollte ihm von Anfang an ausgetrieben werden.

Der Kinderminister befahl, nach neuesten wissenschaftlichen Erkenntnissen methodisch vorzugehen: Im ersten Lebensjahr, im zweiten Lebensjahr. So wußte schon im dritten Lebensjahr fast jedes Kind Bescheid und konnte bei der Eignungsprüfung für den Kindergarten die angedrohten Strafen aufsagen.

Wenn das Kind einen Fehler beim Aufsagen machte, bekamen seine Eltern einen Monat lang keinen Lohn. Aber wenn es vor Enttäuschung über den Fehler weinte, wurde sein Bild in der Zeitung veröffentlicht. Und kein Kind durfte mehr mit ihm spielen.

So kam es, daß die Bürger dieses Landes ihre Mundwinkel immer nach oben bogen. Schon aus Gewohnheit. Im Schlaf trugen sie Mundwinkelformer, die in den Mundwinkel und das zuständige Ohr eingehängt und durch eine Feder verbunden wurden.

Sollte nun wirklich ein Bürger ganz ausnahmsweise und ohne daß er es wußte, einmal im Traum weinen, so daß sich ein Mundwinkel nach unten verzerrte, dehnte sich die Feder und löste eine Sirene aus. Die Glückspolizei eilte mit Hubschraubern herbei, verhörte den traurigen Träumer eine Nacht lang und befragte ihn über den Inhalt seines Traumes. Wenn er versprach, nie mehr im Traum zu weinen, erfaßten sie ihn nur in der *Traurig-Träumer-Kartei* und hinterließen einen Sichtvermerk in seiner Personalakte. Für verschiedene Berufe kam er nun nicht mehr in Frage. So war er nicht geeignet, mit einem anderen Menschen zusammen in einem Zimmer zu übernachten (Sportler, Dienstreisender und Ehemann/-frau konnte ein solcher Bürger nicht mehr werden).

Aber man gab ihm eine Chance: Er wurde jede Nacht mit einer Fernsehkamera beobachtet. Und wenn er sich nichts zuschulden kommen ließ, also immer freundlich im Schlaf lächelte, vielleicht sogar leise vor sich hin kicherte, konnte es passieren, daß seine Kinder (wenn er vor der Bestrafung schon welche hatte) wieder Sportler, Dienstreisender oder Ehemann/-frau werden durften. Damit sollte gezeigt werden, welch große Bedeutung der König dem Verhalten, der Freude und vor allem der Fröhlichkeit der Kinder zumaß. Waren sie fröhlich, hatten auch ihre Eltern keinen Grund zu haben, nicht fröhlich zu sein, und demzufolge auch keinen Anlaß, im Schlaf die Mundwinkel nach unten zu biegen.

Aber es gab doch hin und wieder vereinzelt bei diesem oder jenem Menschen Gesichtsbewegungen, die ihm bei genauem Hinsehen den Ausdruck eines traurigen Menschen verliehen. (Richtig vorstellen konnte man sich ein trauriges Gesicht gar nicht mehr, denn in den Zeitungen sah man nur lachende Gesichter. Und wenn einmal eine Zeitung aus einem andren Land am Kiosk verkauft wurde, sorgte der Zeitungsminister dafür, daß etwaige ernste Gesichter in der Druckerei schwarz gestempelt wurden.)

Jeder Bürger wußte, was er im Angesicht eines Ernstaussehenden zu tun hatte, denn auch das wurde, gleich nach den Strafen, täglich im Fernsehen verlesen.

Da wissenschaftlich nachgewiesen war, daß Ernstaussehen ansteckend wirken konnte (der Direktor des Instituts für Lachwesen hatte dafür kürzlich den Breitmaulorden in Violett erhalten), mußte der Ernstaussehende sofort isoliert werden. In jeder Wohnung und in jedem Betrieb gab es für diesen Ernstfall einen belüfteten undurchsichtigen Käfig mit einem Fach gut haltbarer Lebensmittel und Vitamintabletten, in den der Straffällige notfalls mit Gewalt gesperrt wurde. Dann hatte man durch Ziehen am Mundwinkelformer die Sirene auszulösen, die die Polizei herbeirief. Es war wichtig und extra in der Bedienungsanleitung des Käfigs hervorgehoben, daß man den Käfigschlüssel lächelnd an die Polizei zu übergeben hatte. Man kam sonst um seine Belohnung und wurde auch in den Käfig gesperrt.

Die Glückspolizei brachte den Menschen in dem Käfig aus form- und farbschönem Leichtmetall unverzüglich zum Gericht und stellte ihn zu den anderen Käfigmenschen, die dort schon auf ihren Prozeß warteten. Wenn fünf gefaßt waren, und das konnte eine ganze Weile dauern, darum ja auch die haltbaren Lebensmittel im Käfig, kam der lachende und scherzende Richter mit seinen strahlenden Beisitzern, gefolgt von dem jubelnden Pflichtverteidiger. Dieser sprang in drolligen Sprüngen um die Käfige und öffnete dann beim Klang von frischen Wanderliedern die Käfige, in denen die Angeklagten standen (mit hochgezogenen Mundwinkeln und Händen an der Hosennaht). Der Prozeß begann.

Da es sich um eine konstitutionelle Monarchie[1] handelte, kam man ohne Zeugen nicht aus. Die Zeugen bezeugten unter Zeugen, daß der Angeklagte ernst ausgesehen hatte. Für Weinen gab es die Todesstrafe, für fahrlässiges Ernstaussehen ein Jahr und für vorsätzliches Ernstaussehen zwei Jahre Zwangsarbeit in einer Druckerei.

In der Druckerei wurden nicht nur die ernsten Gesichter aus den ausländischen Zeitungen schwarz gestempelt, hier wurden auch die Belohnungsgutscheine für die aufmerksamen Beobachter gedruckt.

Ein Abschnitt berechtigte zum fünfminütigen straffreien Ernstaussehen. Wurde man beim Ernstaussehen ertappt, konnte aber dem aufmerksamen Beobachter einen Gutschein vorweisen, war man gerettet. Der Beobachter war einem nicht böse, denn er bekam seinen Gutschein trotzdem.

So wäre alles in bester Ordnung geblieben, wenn der Königssohn nicht plötzlich Zahnschmerzen bekommen hätte. Der König schickte nach dem Königlichen Zahnarzt, der außerhalb des Schloßgartens wohnte. Aber leider hatte sich der gerade sein Bein gebrochen und konnte darum nicht transportiert werden. Er wurde zum Zahnarztstuhl in seiner Wohnung hin aufgerichtet und wartete dort auf den Königssohn, der auf diese Weise zum ersten Mal in seinem Leben aus dem Schloßgarten herauskam.

Wie wunderte er sich, als alle so glücklich lächelten. Das erstaunte ihn sehr, denn sein Vater, seine Mutter, die Diener im Schloßgarten lachten nur, wenn ihnen danach zumute war. Wie müssen sie mich lieben, dachte er geschmeichelt.

Der Zahnarzt mußte ihm einen Zahn ziehen und auf dem Nerv herumbohren. Das tat ziemlich weh. Dem Köngissohn traten die Tränen in die Augen, und er begann zu weinen.

1 *konstitutionelle Monarchie:* Regierungsform, bei der der Herrscher von einem Parlament kontrolliert wird

Alle sahen es: der Zahnarzt, die Sprechstundenhilfe.

Seht mal, der Königssohn weint, flüsterten sie, richtige Tränen, hast du das schon mal gesehen, das ist ja Wasser.

Das kostet ihn sein Leben – und wir werden viele viele Gutscheine bekommen, vielleicht sogar einen Gutschein für eine Minute Weinen?

Aber das wagten sie nicht zu hoffen.

Sie alarmierten die Glückspolizei, die alarmierte den König. Und der König?

Er wunderte sich sehr, daß man ihn bei der Arbeit störte. Und noch dazu wegen einer solchen Lappalie[1].

Mein Sohn weint? Na, dann hat ihm dieser Zahnarzt sicher weh getan. Her mit dem Scharlatan[2], brecht ihm das zweite Bein. Wißt ihr nicht, daß Weinen gesund ist? Nur weinende Menschen sind richtige Menschen. Weinen wir in unserm Schloßgarten nicht schon immer?

Und, geht es uns nicht gut?

Lächeln ist verboten.

Ich will niemand mehr lächeln sehen.

Ins Gefängnis mit allen Lächlern!

Und die Glückspolizei sperrte das lächelnde und jubelnde Volk ins Gefängnis.

Und der König ging weinend mit seinem weinenden Sohn und seinem weinenden Hofstaat aus dem Schloßgarten heraus.

Durch die leeren Straßen.

Von ferne das Martinshorn[3] der Glückspolizei.

Und wenn sie nicht gestorben sind, dann weinen sie noch heute.

Lutz Hirschman Der Clown (Karikatur, 1986)

1 *Lappalie:* Kleinigkeit, Nichtigkeit
2 *Scharlatan:* jemand, der von seinem Fach nichts versteht; Kurpfuscher, Quacksalber
3 *Martinshorn:* Signalhorn von Kranken- und Polizeifahrzeugen

Arbeitsanregungen

1. *Denkt euch in die Märchenwelt des beschriebenen Königreichs hinein.*
   a) *Wie bewertet ihr die Art des königlichen Regierens, wie die Haltung der Minister, Richter und Soldaten?*
   b) *Warum wurde die Durchsetzung des königlichen Gesetzes gegen die Traurigkeit so schwer?*
2. *Die Autorin ordnet ihren Text den Märchen zu.*
   a) *Untersucht, welche Merkmale des Märchens im Text enthalten sind.*
   b) *Lest in einem Literaturlexikon nach, was eine Parabel ist. Prüft, ob auch deren Merkmale auf Helga Schuberts Text zutreffen.*
   c) *Welche Überlegungen mögen Schriftsteller dazu veranlassen, sich für die Textsorte Märchen, Parabel oder Fabel zu entscheiden?*
3. *Aus der Kurzbiographie erfahrt ihr etwas über die Haltung der Schriftstellerin zu politischen Zuständen in der DDR. Es ist anzunehmen, daß sie kein Märchen für die Kleinen in den Kindergärten schreiben wollte. Inwieweit läßt sich die Parabel auf die DDR beziehen?*
4. *Es gibt keine DDR mehr. Was soll (oder kann) der Leser heute und künftig mit Helga Schuberts Parabel anfangen?*
5. *In der Bildenden Kunst der DDR besaßen der Kostümierte, die Maske oder auch der Clown wie zu allen Zeiten besonderen Symbolcharakter. Betrachtet die Karikatur von Lutz Hirschmann (S. 95), und beschreibt sie möglichst genau.*
   a) *Welche Empfindungen erweckt die Zeichnung in euch?*
   b) *Welche allgemeinmenschlichen oder auch konkret politischen Absichten verfolgte der Künstler möglicherweise?*
   c) *Was für ein Bezug läßt sich zum Text von Helga Schubert herstellen?*

Thomas Brasch

Thomas Brasch wurde am 19. 2. 1945 in Westow (England) als Kind jüdischer Emigranten geboren; der Vater wirkte später in der DDR als hoher Funktionär. Nach Kadettenschule, Abitur und Tätigkeiten in einigen Handwerksberufen mußte Brasch sein Journalistikstudium (1964–65) und später auch sein Studium an der Filmhochschule (1967–68) aus ideologischen und politischen Gründen abbrechen. Wegen Protestes gegen den Einmarsch der Armeen des Warschauer Paktes in die ČSSR (1968) wurde er zu einer Gefängnisstrafe verurteilt.

Da er in der DDR keine Publikationsmöglichkeiten für seine literarischen Arbeiten erhielt, siedelte er 1976 auf eigenen Antrag nach Westberlin um.

Sein vielfältiges Schaffen ist thematisch durch die Auflehnung des Individuums gegen jegliche Zwänge und ästhetisch durch Experimentierfreudigkeit geprägt. Einige Bücher: „Rotter. Ein Märchen aus Deutschland“ (1972), „Vor den Vätern sterben die Söhne“ (1977), „Kargo. 32. Versuch, auf einem untergehenden Schiff aus der eigenen Haut zu kommen“ (1977).

Thomas Brasch Mit sozialistischem Gruß[1]

(Aus Ramturs Nachlaß)

Erster Brief:

Lieber Kollege Direktor! Heute will ich Ihnen schreiben. Ich bin Herr Ramtur aus der Dreherei und möchte Ihnen einen Vorschlag unterbreiten. Schicken Sie mir bitte jeden Monat mein Gehalt zu. Ich möchte ein Jahr lang nicht arbeiten.

Viele Grüße

Kollege Ramtur

Erste Antwort:

Lieber Kollege Ramtur!

Ich habe Ihren Brief bekommen. Was soll aus unserer Fabrik werden, wenn alle so denken, wie Sie? Kommen Sie sofort zur Arbeit.

Kollege Direktor

Zweiter Brief:

Lieber Kollege Direktor!

Ich möchte Ihnen noch einen Vorschlag machen. Wenn ich ein Jahr nicht arbeite, hat die Fabrik einen Verlust von 2376 Stunden. Das sind genau 99 Tage. Ein Jahr hat 52 Sonnabende und 52 Sonntage. Wenn ich im folgenden Jahr jeden Sonnabend und jeden Sonntag 24 Stunden arbeite, haben Sie dazu noch einen Gewinn von 120 Stunden, die ich dem Betrieb schenke.

Herzlich

Kollege Ramtur

Zweite Antwort:

Lieber Kollege Ramtur!

Das geht alles nicht. Auch ich möchte manchmal nicht arbeiten und muß morgens im Bett weinen. Ich habe auch nicht mehr viel Geduld mit Ihnen.

Kollege Direktor

Dritter Brief:

Lieber Kollege Direktor!

Ich möchte mich mit meiner Frau unterhalten über

a) meine Frau
b) mich
c) unsere Ehe
d) Kunst und Fernsehen
e) Haushalt, Reparaturen, Neuanschaffungen

1 *mit sozialistischem Gruß:* offizielle Grußformel in der DDR, in amtlichen Schreiben verwendet

f) unsere Kinder (Zustand und Perspektive)

g) das Leben, Qualifizierung, Weiterbildung.

Da ich bisher um 17 Uhr nach Hause kam und keine Konzentration hatte, brauche ich für die genaue Analysierung[1] der Probleme ein Jahr. Ich bitte Sie, das einzusehen.

Kollege Ramtur

Dritte Antwort:

Kollege Ramtur!

Sie kommen jetzt schon acht Wochen lang nicht zur Arbeit. Das habe ich gemeldet. Sie werden Bescheid bekommen. Sie haben mich dazu gezwungen.

Vierter Brief:

Herr Direktor!

Ich bin jetzt für 15 Monate in einer verschlossenen Weberei tätig. Hiermit teile ich Ihnen mit, daß sich eine Fortführung unseres Briefwechsels damit erübrigt.

Herr Ramtur 57382[2]

Arbeitsanregungen

1. *Welche ungewöhnliche literarische Ausdrucksform wählt Brasch für seinen Text? Was muß der Leser bei der Lektüre leisten, um das sich* **hinter** *dem Text abspielende Geschehen zu verstehen?*
2. *Versetzt euch in die Situation der beiden Briefeschreiber. Stellt euch dazu den Gerichtsprozeß vor, der zu einem Urteil gegen Herrn Ramtur führte. Spielt einmal eine solche Verhandlung.*
3. *Die Überschrift verheißt Ernst. Der Text ist hingegen recht ironisch angelegt. Was macht den Leser so nachdenklich? Welche grundsätzlichen Fragen menschlicher Gesellschaft (und des Individuums) berührt der Autor hiermit?*
4. *Wir alle verfolgen mit Unwohlsein und auch ein wenig Angst die Obdachlosigkeit, die Zunahme von Suchtkrankheiten und Kriminalität in Deutschland. Es gibt auch wieder Stimmen, die die Einrichtung von Arbeitslagern für alle jene fordern, die mit gesellschaftlichen Normen und den Gesetzen in Konflikt geraten sind. Sprecht über humane Lösungsmöglichkeiten für die benannte gesellschaftliche Misere; bezieht dabei die Mahnung Braschs ein.*

1 *Analysierung:* betont bürokratisch klingende Substantivierung, eigentlich „Analyse“

2 *57382:* offensichtlich Häftlingsnummer des wegen Arbeitsbummelei verurteilten Ramtur; bis zur Unterzeichnung der Menschenrechts-Abkommen von Madrid und Helsinki konnten Menschen in der DDR für fortwährende Arbeitsbummelei bestraft werden

Thomas Rosenlöcher

Thomas Rösenlöcher wurde am 29. 7. 1947 in Dresden geboren. Nach einer Lehre als Handelskaufmann und dem Armeedienst legte er 1970 sein Abitur ab und studierte bis 1974 Betriebswirtschaft. Der kurzen Tätigkeit als Arbeitsökonom folgte von 1976 bis 1979 ein Studium am Leipziger Literaturinstitut „Johannes R. Becher". Bis 1985 wirkte Rosenlöcher als Dramaturg am Dresdener Kindertheater, seidem ist er freischaffend und lebt in Dresden und Iserlohn.

Der vielseitige Autor hat bisher Stücke und Bücher für Kinder, Hörspiele, Gedichtsammlungen („Ich lag im Garten bei Kleinzschachwitz", 1982; „Schneebier", 1988) und Prosabände („Die verkauften Pflastersteine. Dresdener Tagebuch", 1990; „Die Wiederentdeckung des Gehens beim Wandern. Harzreise", 1991) vorgelegt.

Thomas Rosenlöcher Der Untergang der Banane

Aufgewachsen bin ich im Leuchtbild der Banane. Allein schon, weil sie so selten vorkam, daß, wenn sie einmal auftauchte, jeder gleich wußte, daß Weihnachten war. Ein gelbliches Aufblinken hinter der Ladentafel, ein Ruck in der Schlange: Bananen. Eine gebogene Nachricht aus einer anderen Welt. Zu der unsere Westverwandten wie selbstverständlich gehörten. Indem sie ohne weiteres über Bananen verfügten. Und sie uns als Beweisstück Jahr für Jahr mitbrachten. Wobei wir auf ihre Frage: „Gibt es die Dinger hier immer noch nicht?" nur resignierend abwinken konnten: „Nicht einmal zu Weihnachten." Wie wir überhaupt unser Dasein, um ihre Großzügigkeit nicht unnötig einzuschränken, in möglichst schwarzen Farben darstellten, und damit der Wirklichkeit erstaunlich nahe kamen. Doch während wir unsere Verwandten allein schon deshalb brauchten, um wieder einmal zu merken, wie schlecht es uns wirklich ging, brauchten auch sie uns allein schon deshalb, um wieder einmal zu merken, wie gut sie es eigentlich hatten. So daß wir letzten Endes für sie den Sozialismus[1] hier ertrugen, und ihnen es letzten Endes für uns von Jahr zu Jahr besser ging.

Dennoch befürchteten wir mit jedem Jahr erneut, daß dieses Mal kein Westpaket käme, doch dank Onkel Heinz kam es doch. Und war fast so groß wie ich, da ich es nach Hause schleppte, vorbei an den Nachbarskindern: „Der hats guddi, Mänsch."[2] Und sogar selber aufknoteln durfte, doch niemals den Strick zerschneiden, weil es Weststrick war. Ehe Mutter der ganzen Familie das Inhaltsverzeichnis vorlas, obwohl wir es schon vom letzten Jahr kannten. Und endlich das Paket auspackte. Und auf dem Küchentisch ein kleiner Wohlstandsgletscher lag.

So wuchs ich allmählich heran. Nicht nur der Verzehr der Banane war das Nahrhafte an ihr, sondern auch ihr Besitz. Indem sie als Mangelware dem jeweiligen Besit-

1 *Sozialismus:* Bezeichnung für die in der DDR seit Jahrzehnten existierende Gesellschaftsform, die geprägt war durch politische Herrschaft der Arbeiterklasse, gesellschaftliches Eigentum an Produktionsmitteln, Lenkung der gesamten Wirtschaft durch den Staat und Arbeit für alle; ständig wachsender Widerspruch zwischen den Ideen des Sozialismus und der Realität der DDR

2 *Der hats guddi, Mänsch. (sächs. Dialekt):* Der hat es gut, Mensch.

zer eine Andeutung von Auserwähltheit verlieh. Doch während manche Mangelware gelegentlich wieder verschwand, indem es zwar weiterhin keine Zahnbürsten gab, doch dafür ausreichend Toilettenpapier, und auch der Klempner erschütternd blitzartig wieder auftauchte, erwies sich die Banane als konstante Mangelware. Fünf Stück gab es pro Person, wenn es Bananen gab. So daß man sich mehrmals anstellen mußte und auch die Kinder mit eingesetzt wurden, um die Familienpräsenz[1] zu verstärken. Zumal der Kisteninhalt rasch abzunehmen pflegte. Und ich in der Schlange wieder und wieder vorauszuberechnen versuchte, ob sie für mich noch reichten. Mit zunehmendem Hoffen, je mehr die Hoffnung schwand. Denn je mehr die Bananen abnahmen, desto näher rückte ich an die Bananen heran. Und kam tatsächlich ausgerechnet in dem Moment an die Reihe, als noch genau fünf Bananen in der Kiste lagen. – Über die Ladentafel empor streckte ich den Fünfmarkschein dem Verkäufer entgegen. Der die Hand des Kindes ignorierte[2]. Indes die Frau hinter mir wie selbstverständlich die letzten Bananen in ihre Tasche packte. Und ich die Seelenkahlheit verspürte, die der Totalverlust der Banane in einem Menschen anrichten konnte. Ein inneres Vakuum[3], das hinter mir in der Schlange in Form von Seufzern implodierte[4]. Indem der Verkäufer die Kiste umdrehte: „Ich kann mir das Gelumpe doch nicht aus den Rippen schneiden." Und so, durch die Negation[5] der Banane, ihr Leuchtbild erst recht beschwor. So daß das Spannungsverhältnis von Mangel und Überfluß zu explosionsartigen Ausbrüchen führte und schon in den früheren Jahren vor unserem Gemüseladen für eine Zehntelsekunde der Umbruch in der Luft lag, indem eine Stimme sagte: „Hängt doch den Pferdekopp raus[6]." Und mit hornissenartigem Brummeln versuchte die Schlange sich selbst zu entkommen, indem ein jeder jeden im Zickzack behinderte, um sich ein paar Straßen weiter aufs neue anzustellen. Ich aber stand noch immer mit dem Fünfmarkschein an der Ladentafel. Und sah auf diese Weise, wie hinten im Laden der Klempner erschien und als Mangelware erschütternd blitzartig mit einer ganzen Kiste Bananen verschwand.

So wuchs ich weiter heran. Im Leuchtbild der Banane, von Mangelwaren umkreist. Und wieder kam Westbesuch und brachte neben Kaugummi auch Bananen mit. Wobei unsere Dankbarkeit selbst unseren Onkel verblüffte, denn das hatte er nicht gewußt, daß er derartig großzügig war. Und wir uns auf die Weise erneut ein Westpaket verdienten. Und wieder ein Wohlstandsgletscher auf unserem Küchen-

1 *Präsenz:* Anwesenheit; hier: Wenn mehrere Familienmitglieder anstehen, können mehr Bananen gekauft werden.

2 *ignorieren:* übersehen, mißachten

3 *Vakuum:* unausgefüllter Raum, Leere

4 *implodieren:* Zerstörung durch stärkeren (Luft-)Druck von außen, dadurch schlagartiges Zusammenfallen

5 *Negation:* Verneinung, hier: Mitteilung, daß in keinem Fall mehr Bananen zu erwarten sind

6 *Hängt doch den Pferdekopp raus: „Pferdekopp":* volkstümlicher Ausdruck für das Zeichen eines Firmenbankrotts (wie der „Kuckuck" bei der Pfändung); hier auch Hinweis auf die wirtschaftliche Schwäche der DDR

tisch lag. Und von der Kompaktheit[1] der Blockschokoladen und pfundenden Marzipane große Seelenfestigkeit auf mich überging. Ein inwendiges Leuchten, das selbst von den Puddingpulvern ausging. Und in meiner Seele noch nachtranszendierte[2], wenn alles wieder weggepackt wurde, weil noch nicht Weihnachten war. Zumal der Westgeruch noch eine Weile in unserer Küche verblieb, daß jeder, der hinzukam, fragte: „Habt ihr ein Paket bekommen?“ Denn alles, was von drüben kam, hatte diesen neonartigen[3] Geruch. Der als Aroma der Ferne im Leuchtbild der Banane stand. Selbst meines Onkels mir mitgeschickte Hosen hatten diesen geheimen Geruch. Was freilich kein Wunder war, da unser ganzer Onkel so roch, wenn er aus dem Auto stieg und uns Bananen brachte. Doch das war der Unterschied zwischen ihm und uns: Daß er Bananen meinte, wenn er uns Bananen gab, wogegen wir das Leuchtbild eines anderen Lebens dankend entgegenahmen. So wie ich auch keine Kaugummis kaute, wenn ich Kaugummis kaute, sondern mit meinen Milchzähnen schon das Reich der Freiheit traktierte[4].

Längst war ich herangewachsen. Obwohl es wieder einmal keine Zahnbürsten gab, gab es auch kein Toilettenpapier. Der Klempner war gestorben, und was die Banane betraf, blieb sie nun sogar zu Weihnachten aus. Und doch: Ihr geheimer Neongeruch drang immer weiter vor. So daß es geschehen konnte, daß ich den Neustädter Bahnhof[5] betrat. Und vor der Bahnhofstoilette, mitten in dem dortigen mörderischen Geruch, auf einmal ein anderes Aroma bemerkte, das sich sogar noch hielt, als wieder die Pissoirtür[6] aufschwang. Worauf ich auf meine Notdurft vorerst verzichtete und ein paar Schritte weiterging. Und durch eine andere Tür gleichsam in den Westen trat. Und den Glanz des Fortschritts bestaunte. Und die Sorten des Überflusses. Und dann doch lieber pinkeln ging, weil hier nur Westgeld galt. Und mich dennoch immer wieder in diese glänzenden Grotten begab, um ihren Geruch zu riechen. Bis das auch mir nicht mehr genügte und unsereins in Massen auf die Straße lief und lauthals behauptete, auch jemand zu sein, wovon gleich die Mauer einfiel, die uns noch vom Westen trennte. Da ging ein jeglicher los, um sich die Banane zu holen. Doch als er, mit Bananen beladen, wieder nach Hause kam, war die Banane schon da. Und siehe, auch ich aß Bananen, als ob ich den vierzigjährigen Vorsprung meiner Westverwandten im Bananenessen jemals noch hätte aufholen können. Doch je mehr Bananen ich aß, dest weniger bemerkte ich, daß ich Bananen aß, bis ich überm Bananenessen die Banane ganz vergaß. Und sie auch sonst aus den Augen verlor, so sehr

1 *Kompaktheit:* Masse, Festigkeit
2 *transzendieren:* über die sinnlich-konkrete Wahrnehmung hinausgehen, übersinnliche Empfindungen haben; hier: weiter nachwirken
3 *Neon:* Edelgas in modernen Beleuchtungskörpern; hier: "neonartig“ und auch „Leuchtbild“ als Symbole einer fremden, reichen Welt
4 *traktieren:* hier: bearbeiten, auch: erkunden
5 *Neustädter Bahnhof:* in Dresden; der „Neongeruch“ dringt hier aus dem sogenannten „Intershop“, einem Vorzugsladen, in dem für „Westmark“ eingekauft werden konnte; solche Läden waren oft in Bahnhöfen eingerichtet
6 *Pissoir:* Toilette für Männer

sie sich zwischen Ananas und Artischocke[1] auch häufte. Denn längst aß ich Blattsalat wie meine Westverwandten. Und sah auch das höhere Leuchten nicht mehr, seitdem Millionen Lämpchen die Schluchten der Finsternis überspannten und an der Straßenecke die Fortschrittsbananen aufglühten. Ja, ausgerechnet die Banane hat die Banane beseitigt. Der Mangel an Mangelwaren den Traum vom Überfluß. Nicht einmal die Freiheit spüre ich mehr, seitdem mir hier dauernd gesagt wird, daß dies die Freiheit sei. Und was noch schlimmer ist: Westpaket kriege ich auch keines mehr. Wie auch mein Onkel gänzlich verschwand, seit wir uns gegenseitig nicht mehr als Kontrastmittel[2] brauchen, zumal er nun selbst hier massenhaft vorkommt und auch das Bankgeschäft übernahm, um uns auf die Beine zu helfen. Nicht einmal den Westgeruch rieche ich noch, seitdem ich selber so rieche. Kurzum, der eigentliche Verlust ist nicht der Untergang des sogenannten Sozialismus, sondern der der Banane. Nur manchmal, wenn ich mich nachts weit aus dem Fenster beuge, scheint mir am westlichen Himmel der unendlich ferngerückte, sichelförmige Mond das Leuchtbild der Banane noch einmal nachzuahmen.

Bernd A. Chmura Bananen-Republik (Karikatur, 1986)

Arbeitsanregungen

1. *Berichtet über einzelne Situationen, in die der Ich-Erzähler geraten ist. Beschreibt dabei besonders seine Gefühle.*
2. *Welche Möglichkeiten der Widerspiegelung gesellschaftlicher Zustände schafft sich der Autor durch die Verwendung eines Ich-Erzählers, der sich zudem auch an seine Kindheit erinnert?*

1 *Artischocke:* Gemüsepflanze aus südlichen Ländern
2 *Kontrastmittel:* medizinisches Hilfsmittel zur besseren Diagnose beim Röntgen; hier: (Gegen-)Person zum besseren Erkennen des eigenen Ich

3. *Wie wird das Bedürfnis von DDR-Bürgern nach der Banane beschrieben? Welches Bild wird dabei mehrfach verwendet?*
4. *Wie habt ihr beim Lesen und beim Gespräch über den Text reagiert? Es handelt sich hier um eine Satire auf den Alltag in der DDR und das Verhalten von Ost- und Westdeutschen. Sucht einige der Gestaltungsmittel heraus, und prüft ihre Wirkung, z.B. Wiederholungen, Metaphern, Satzbau oder Komposita mit „west-“.*
5. *Welche Symbolhaftigkeit besitzt die Banane bis 1989 für Ost- und für Westdeutsche? Bananen und (West-)Pakete haben im Verlaufe der Jahre bei Ost- und bei Westdeutschen auch eine bestimmte Vorstellung über den „anderen“ erweckt.*
   a) Gebt solche Vorstellungen einmal wieder.
   b) Schätzt diese allgemeine Charakteristik von Ost- und Westdeutschen aus eurer heutigen Sicht ein.
6. *Über welche Einzelheiten aus dem Leben in der DDR werden wir wie nebenbei informiert?*
7. *Die Karikatur von Bernd A. Chmura, „Bananen-Republik“ (1986) (S. 102) zeigt mit dem hellen Untergrund in der Mitte die DDR. Der Bär ist das Wahrzeichen der Hauptstadt Berlin.*
   a) Beschreibt weitere Einzelheiten des Bildes.
   b) Warum wählte der Zeichner wohl die Bananen? Denkt dabei an Rosenlöchers Text.
   c) Welche Absicht verfolgt der Zeichner mit seiner Karikatur?
8. *Am Schluß des Textes „bedauert“ der Erzähler den Verlust der Banane (S. 102, Z. 11 ff.; vgl. dazu auch die Überschrift des Textes). Für welche menschliche Eigenschaft kann hier die Banane auch Symbol sein?*

Angela Krauß

Angela Krauß, geboren am 2. 5. 1950 in Chemnitz, schloß an das Studium als Werbeökonomin 1977 bis 1979 das der Literaturwissenschaft an. 1984 wurde ihr Debüt-Band „Das Vergnügen“ ein großer Erfolg: Kritisch griff sie darin ihre DDR-Erfahrungen auf und leuchtete ohne jede Beschönigung in den Alltag eines Produktionsbetriebes. Auch ihr zweiter Erzählband „Das Glashaus“ (1988) zeigt sie als sensible Erzählerin mit bemerkenswerter Ausdrucksskala, die sprachlich-erzählerisch zunehmend kühner experimentiert.

1988 erhielt sie für ihre Erzählung „Der Dienst“, in der sie das Schicksal ihres Vaters, eines Polizisten in der DDR, gestaltete, den Ingeborg-Bachmann-Preis. Auch ein Hörspiel existiert aus ihrer Feder („Meine Oma stirbt nicht“, 1988). Sie lebt als freie Schriftstellerin in Leipzig.

Angela Krauß Der Zuchtmeister

Ruhig!, sagt der Mann. Er friert. Ist Mitternacht vorbei? Die kältesten Stunden stehen noch bevor.

Das Tier hat sich gelegt.

Selten, daß ich frier, sagt der Mann, als Kind in Holzpantinen bei dreißig Grad Frost, aber ich erinner mich gar nicht, daß ich gefroren hab. Ich frier doch nie.

Er beobachtet. Das Tier liegt, aber es ist unruhig. Er weiß, was in dem Tierleib jetzt vorgeht, in der Dunkelheit des Uterus[1].

Wenn du wüßtest, was wir früher gefroren ham, redet er weiter, ich weiß auch nich. Eine Kälte über der Gegend. Is Mitternacht vorbei? Er beobachtet den Leib des Tieres, die Augen, wieder den Leib. Kuhaugen. Wo drücken die Viecher den Schmerz hin? Der muß doch raus! Der Mann macht sich warm, er muß herumgehen, mit den Armen schlagen und reden. Aber leise, ruhig. Ruhig! Ganz ruhig!

Zwanzig nach elf wird die Fruchtblase[2] sichtbar. Der Mann beklopft immer wieder das Strohlager, das er vorbereitet hat, geht herum, kehrt zurück. Ein einziges Mal tritt er vor die Stalltür, blickt hinaus in die kalte klare Herbstnacht. Das auf den Vorderfüßen ruhende Maul kann er zwei Stunden später erkennen: klein, grau und schlierig. Nichts, war er tun könnte. Fast wünscht er diesem Tier eine Not, die ihm Gelegenheit gäbe zu helfen, eine komplizierte Lage, er würde Geburtsstricke um die Fesseln knüpfen und dann mit seiner einfühlsamen, erfahrenen Kraft ganz langsam ziehen. Aber bei diesem Tier verläuft alles normal. Er kann noch nichts tun. Er redet. Ruhig!

Er hat schon einige Male den Geburtsstrick gezogen, aber dieses gesunde Tier gibt sein Junges von allein her. Wie er alles Viehzeug liebt! Kanarienvögel, kleine Katzen, auch kleine Kinder hat er sehr gerne.

Viertel nach zwei wischt er dem Kalb den Schleim aus Maul und Nase, dann reibt er den dürren, warmen, linkischen Körper mit Stroh trocken, dann bettet er ihn auf das frische Strohlager, die Kälberwiege.

Das ist die hundertdreiundzwanzigste Geburtsnacht in diesem Jahr. Der Schweizer Möll geht sonst am Sonntagabend wie an jedem anderen Abend um sieben zu Bett. Er kann weder einen Grand ouvert[3] von einem Null ouvert unterscheiden, noch einen Mittelstürmer vom Rechtsaußen. Er ist fünfzig Jahre alt, als er noch mit Milchkannen arbeitete, hob er an jedem kleinen Finger eine gefüllte Kanne in die Höhe. Er war immer davon überzeugt, daß sich so etwas nicht einfach verlieren kann.

Nun geht er die erste Reihe à fünfundzwanzig Stück Milchvieh ab, er blickt auf die Uhr, die zehn vor drei zeigt. Dann sucht sein Blick nach draußen auszuweichen. Die Nacht vor dem Stallfenster schließt dicht wie eine schwarze Blechklappe. Punkt drei beginnt Möll die Melkgeschirre[4] anzuhängen. Er redet immer mit dem Vieh. Er hat die Stimme für die Viecher, die Milch läuft, wenn er sie nur anredet, jeder andere stört da eigentlich.

1 *Uterus:* Gebärmutter des Säugetiers

2 *Fruchtblase:* Haut im Leib des weiblichen Säugetiers, die die Frucht – also das künftige Junge – und das Fruchtwasser umschließt

3 *Grand ouvert/Null ouvert:* Kartenkombinationen beim Skat

4 *Melkgeschirr:* Teil der elektrischen Melkanlage, wird den Kühen umgehängt

Der Schweizer Möll hat bis in die sechziger[1] mit der Hand gemolken. Die Maschine zieht pro Minute einen Liter. Möll zieht mit der Hand in der Stunde hundertzwei Liter.

Als Möll das nächste mal auf die Uhr schaut, ist es vierzig nach drei. Er schafft es nicht. Die pünktliche Abfertigung von fünfzig Milchkühen ist von einer Person nicht zu bewältigen. Er schwitzt. Aber auch aus Erregung jetzt. Er spürt die Unruhe der Tiere, sie wächst. Sie wächst von Minute zu Minute.

Als bei Anbruch der Morgendämmerung der Zootechnikermechanisator für Melktechnik[2], zweiundzwanzig Jahre alt, mit zweieinhalb Stunden Verspätung im Stall eintrifft, wird er von Möll niedergeschlagen.

Möll, der seinem Vater nacheifert, kennt nicht mal die *Caprifischer*[3]. Dennoch fand er damals eine Frau. Er trägt bei der Arbeit eine blaßrosa Bluse mit Puffärmeln, wie sie sein Vater und früher alle Schweizer[4] trugen. Die Lieblichkeit der frischgestärkten Bluse und sein starker männlicher Körper ergeben einen Kontrast[5], der von einer heimlich fortwirkenden Anziehungskraft ist.

Arbeitsanregungen

1. *Gebt das Geschehen in der von Angela Krauß geschilderten Nacht möglichst anschaulich wieder. Versucht dabei besonders, die Atmosphäre zu erfassen.*
2. *Was erfahren wir über Leben und Person des Zuchtmeisters Möll?*
3. *Wie ist der Text aufgebaut? Berücksichtigt die unterschiedlichen Zeitebenen.*
4. *Sucht Beispiele für monologisches Sprechen und für die auktoriale Erzählweise.*
   - *Kennzeichnet besonders die Sprache Mölls.*
   - *Welche Wirkung erreicht die Autorin mit dieser Gestaltung bei euch?*
5. *Wie werden Alt und Neu dargestellt und von Möll bzw. vom Erzähler bewertet?*
6. *Was empfindet ihr beim unerwarteten Angriff Mölls auf den jungen Zootechnikermechanisator?*
   - *Wie erklärt ihr euch diese Tat?*
   - *Lest den Text noch einmal: Wie bereitet sich Mölls Ausbruch allmählich vor?*
7. *Stellt euch vor, daß Zuchtmeister Möll sein Verhalten vor dem Leiter der Genossenschaft rechtfertigen muß. Schreibt seine Überlegungen und Begründungen auf.*
8. *Angela Krauß erzählt über einen 50jährigen Mann aus einem Dorf in der DDR und über seine unerwartete Reaktion.*
   a) Sprecht darüber, ob sich ein solches Geschehen auch zu einem anderen Zeitpunkt an einem anderen Ort abspielen könnte.
   b) Über welche menschlichen Werte zwingt uns die Autorin nachzudenken?

1 *bis in die sechziger:* gemeint sind die sechziger Jahre
2 *Zootechnikermechanisator für Melktechnik:* Melker; Beispiel für ungeeignete Facharbeiterbezeichnungen in der Neuzeit
3 *Caprifischer:* um 1950 sentimentaler Erfolgsschlager über die Menschen auf der italienischen Insel Capri
4 *Schweizer:* Berufsbezeichnung für einen Melker
5 *Kontrast:* Gegensatz

Lutz Rathenow

Lutz Rathonow, am 22. 9. 1952 in Jena geboren, konnte sein Germanistik- und Geschichtsstudium nicht beenden, da er 1977 aus politischen Gründen exmatrikuliert wurde.

Als freier Schriftsteller in (Ost-)Berlin schrieb er Kurzprosa, Lyrik, Essays, (ungedruckte) Dramatik und wirkte als Herausgeber. Der zur Opposition zählende Rathenow gestaltete den Widerspruch zwischen Individuum und gesellschaftlicher Macht in der DDR in nüchterner Sprache, oft parabelartig, auch satirisch. Die wichtigsten seiner Bücher erschienen in der BRD: „Mit dem Schlimmsten wurde schon gerechnet“ (1980), „Zangengeburt“ (1982), „Boden 411“ (1984), „Die lautere Bosheit“ (1992), „Verirrte Sterne oder Wenn alles wieder mal ganz anders kommt“ (1994).

Lutz Rathenow Wenn der Streit unmittelbar bevorsteht

Wenn der Streit unmittelbar bevorsteht, denkt einer daran, das Kind aus der Wohnung zu schicken. Ihr zittert meist schon die Hand. Sie ist leicht erregbar und vermag dies nicht zu verbergen, was im Betrieb zu Schwierigkeiten führt, denn die Kollegen sind auch von mehr oder minder heftiger Nervosität befallen und gereizt bei nur geringem Anlaß. Er gibt seinem Sohn einen freundlich gemeinten Klaps auf den Hintern und fragt, ob er nicht auf dem Hof spielen wolle. Na, so beginnt der Satz meist, na, sieh doch mal nach, ob jemand von deinen Freunden unten wartet. Nur wenn es regnet, braucht es einen Vorwand: Einkaufen, ein größerer Auftrag, der Zeit erfordert. Der Sohn sieht den Vater kurz an und geht ohne Einspruch. Aber zieh dir die Jacke über, sagt die Mutter und kann ihre Finger noch immer nicht ruhig halten. Sie hat gerade eine erst halbgerauchte Zigarette im reichlich gefüllten Aschenbecher zerdrückt – kaum fällt die Tür zu, beginnt sie mit hastiger Rede, die schnell im Geschrei endet. Er wartet, bis das Kind die Treppe hinunter sein müßte, außer Hörweite, und flucht ohnehin leiser. Das Sich-beherrschen-Können hat er gelernt auf Arbeit, die Umgangsformen sind dort durchweg höflich bis freundlich-höflich, selten fällt einer auf durch unangemessen lauten Tonfall. Aber er muß dann auch brüllen, nur kurz, um ihr klar zu sagen, was er denkt über jenen Unsinn, den sie so daherredet. Das Zuschlagen von Türen, in unregelmäßigen Abständen, ergänzt ihren Streit, der zwischen den Zimmern der Zweiraumwohnung hin und her pendelt, ohne die Küche auszulassen. Zwischendurch öffnet er das Fenster und sagt seinem Sohn auf dem Hinterhof, daß er nicht so laut spielen solle. Oder sieht einfach nach, ob das Kind noch da ist – doch angenommen, es wäre nicht mehr zu erblicken, bliebe zu eventueller Beunruhigung kaum Zeit, denn ein boshaft gemeinter Satz des Ehepartners verlangt prompte Gegenrede. Der Sohn wird später gerufen, wenn es still ist in der Wohnung und die Mutter, in einer Zeitschrift blätternd, an den Fingernägeln kaut. Oder er kommt von selbst, da er öfter an der Tür gehört hat, mit dem Ohr am Schlüsselloch, was die Eltern nicht wissen und seine Spielkameraden auch nicht. Denen täuscht er Austretenmüssen vor und beschreibt zur Tarnung seinen beängstigend wässrigen Stuhlgang. Wahrscheinlich vom vielen Obst, seine Erklärung.

Betritt er das Zimmer, steht der Vater vor dem Fernsehapparat, reguliert die Helligkeit, den Kontrast und fragt, wie es denn unten war. Was er so gemacht habe. Ach, nichts Besonderes, sagt der Sohn und nennt eines jener Spiele, die häufig gespielt werden. Und sein Vater nickt, egal, wie es heißt. Hast du die Schularbeiten schon erledigt, fragt er als nächstes, was nur an Samstagen auf den Sohn seltsam wirkt, aber der übergeht das und antwortet mit: Ja. Oder: Natürlich, habe ich längst. Der Vater nickt noch einmal und widmet sich ganz dem Fernsehn, wenn ihm nicht einfällt, daß er die Kollegmappe einzuräumen hat für den folgenden Tag. Da darf er nichts vergessen: Hefter, stapelweise auf dem Schreibtisch plaziert, müssen ausgewählt werden bezüglich ihrer Brauchbarkeit. Bei diesem Anlaß äußert er sich meist zur anfallenden Arbeit der kommenden Woche und deutet ein Stöhnen an. Die Mutter schließt ihre Illustrierte und hat plötzlich zu tun, wenigstens den Wohnzimmerteppich möchte sie säubern, mit einem ihr erst kürzlich empfohlenen Spray. Vielleicht auch die Gardinen auswechseln, wenn sie schon zum Putzen der Fenster nicht gekommen ist. Der Sohn holt sich ein Buch und weiß, daß an solchen Tagen das Abendbrot schweigsam verläuft; er, freiwillig, früher als sonst zu Bett gehen wird.

Arbeitsanregungen

1. *Wie verhalten sich Mutter, Vater und Sohn in Rathenows Geschichte vor, während und nach dem Streit? Beobachtet besonders alle jene Kleinigkeiten, die den für jeden erkennbaren Streit bemäntelt sollen. Tragt eure Entdeckungen in eine dreispaltige Tabelle ein.*
2. *Wie verbindet der Autor die familiären Beziehungen und Haltungen mit der Arbeit der Eltern? Was können wir aus den wenigen Anmerkungen über die Arbeit der Eltern entnehmen?*
3. *Der Junge weiß genau, was sich in der Familie abspielt. Er richtet sein Verhalten danach ein.*
   a) Wie verhält er sich in solchen Konfliktsituationen?
   b) Welche Haltungen können dadurch bei ihm entstehen, die vielleicht sein späteres Leben bestimmen?
4. *Der Autor erzählt knapp und ohne Höhepunkte. Welche künstlerlischen Mittel fallen euch in seiner Darstellung auf? Prüft z.B. die Satzgestaltung und die Wiedergabe der Gespräche.*
5. *Welche indirekte Wertung der Figuren nimmt der Autor vor?*
   Charakterisiert mit Hilfe von Zitaten die Mutter und den Vater.
6. *Wie schätzt ihr die Lage in dieser Familie ein? Bedenkt dabei, daß der Junge nicht geschlagen und formal auch aus den Streitereien herausgehalten wird.*
7. *Wäre es besser, den Sohn an den Familienkonflikten zu beteiligen?*
8. *Welchen Sinn seht ihr in der Geschichte?*
9. *Lutz Rathenow hat sich als Schriftsteller immer mit der DDR auseinandergesetzt. Diskutiert, ob diese Geschichte aus der DDR nur für das menschliche Miteinander in jenem untergegangenen Staat Gültigkeit besitzt.*

10. Habt ihr schon selbst ähnliche Situationen erlebt? Sprecht euch darüber aus, wenn ihr wollt.

11. Henry Büttner ist ein beliebter ostdeutscher Zeichner und Karikaturist. Ohne Worte kennzeichnet er mit wenigen Strichen typische menschliche Situationen und Verhaltensweisen. Schaut euch die Zeichnung an, und schreibt dazu eine Geschichte auf. Bezieht dabei die kleine Erzählung von Lutz Rathenow mit ein.

Henry Büttner (Karikatur)

Dokumentarisches

Zur Prosaliteratur der DDR – eine Chronik

Diese Chronik enthält eine begrenzte Auswahl wichtiger Prosawerke der DDR. Aufgenommen wurden dabei auch solche Werke, die zuerst oder bisher nur in der Bundesrepublik Deutschland (BRD) erschienen sind oder deren AutorInnen die DDR verlassen haben. Hier sind die Grenzen ohnehin fließend. Kinder- und Jugendliteratur und Essayistik mußten ebenso ausgespart bleiben wie andere Textsorten, Lyrik und Dramatik.

Die Chronik will über wichtige AutorInnen und ihre Romane und Erzählungen im Zeitraum von 1945 bis 1990 informieren, zum Weitersuchen und vielleicht auch zum Lesen anderer Bücher anregen. Wenige politische und kulturpolitische Ereignisse und Sachverhalte aus der DDR-Geschichte werden hinzugefügt. Schließlich wird noch auf die Erstveröffentlichung der für dieses Lese- und Arbeitsbuch ausgewählten Texte hingewiesen. Hier verweist das Wort (mit: ...) auf einen Sammelband des Autors, das Wort (in: ...) hingegen auf eine Anthologie von Texten mehrerer Autoren.

Bei der Nennung der für die literarische Entwicklung wesentlichen Parteitage und Plenen der Sozialistischen Einheitspartei Deutschlands (SED) wurde aus Platzgründen auf Vollständigkeit verzichtet. Plenen (Sg.: Plenum) fanden zwei- bis dreimal jährlich statt. Diese Tagungen des Zentralkomitees (ZK) der SED, also des Führungsgremiums der Partei, bestimmten weitgehend Regierungspolitik und Entwicklung der DDR in der darauffolgenden Zeit, besaßen also strategischen Charakter. In der DDR „vernachlässigte" man zu keinem Zeitpunkt die Steuerung von Literatur- und Kunstprozessen: Parteioffizielle Forderungen an die Künstler wurden regelmäßig und oft ohne sonderliche Veränderungen wiederholt.

	Politische und kulturpolitische Ereignisse	Prosa	Texte unseres Lesebuchs
1945	Gründung des Kulturbundes Gründung des Aufbau-Verlags Entnazifizierung aller Bereiche	Theodor Plivier: Stalingrad	
1946	Gründung der SED	Stephan Hermlin: Der Leutnant Yorck von Wartenberg Anna Seghers: Das siebte Kreuz	Anna Seghers: Die drei Bäume (mit: Der Baum des Odysseus), entstanden 1940
1947	I. Schriftstellerkongreß: Ost-West-Gegensatz bricht offen aus, letzter gesamtdeutscher Kongreß Verbot des Kulturbundes in den Westzonen	Hans Fallada: Jeder stirbt für sich allein Eduard Claudius: Grüne Oliven und nackte Berge	
1948	Zweijahrplan stellt der Literatur popagandistische Aufgaben	Anna Seghers: Ausflug der toten Mädchen Günter Weisenborn: Memorial	

1949	Goethejahr: Thomas Mann spricht in Weimar und Frankfurt/M. Gründung der DDR	Bertolt Brecht: Kalendergeschichten Stephan Hermlin: Zeit der Gemeinsamkeit Anna Seghers: Die Toten bleiben jung	Bertolt Brecht: Eulenspiegel-Geschichten
1950	II. Schriftstellerkongreß, Gründung des DDR-Schriftstellerverbandes besiegelt die Teilung des Literaturprozesses in Deutschland	Willi Bredel: Fünfzig Tage Eduard Claudius: Vom schweren Anfang Hans Fallada: Der Trinker Erich Loest: Jungen, die übrigblieben	
1951	5. Plenum startet Kampagne gegen den „Formalismus" Spaltung des PEN-Zentrums	Eduard Claudius: Menschen an unserer Seite Stephan Hermlin: Die erste Reihe Erwin Strittmatter: Ochsenkutscher Erich Weinert: Memento Stalingrad	
1952	2. Parteikonferenz der SED beschließt „Aufbau des Sozialismus"	Theo Harych: Im Geiseltal Karl Mundstock: Helle Nächte	
1953	Tod Stalins Aufstand des 17. Juni	Willi Bredel: Die Enkel Anna Seghers: Der Bienenstock	
1954	Johannes R. Becher wird Kulturminister	Bode Uhse: Die Patrioten Arnold Zweig: Die Feuerpause	
1955	Schiller-Jahr: Thomas Mann spricht in Weimar und Stuttgart Gründung des Literatur-Instituts zur Ausbildung junger Autoren in Leipzig	Franz Fühmann: Kameraden Hans Marchwitza: Roheisen	
1956	IV. Schriftstellerkongreß 20. Parteitag der KPdSU mit Stalin-Abrechnung – allerdings ohne wichtige Konsequenzen, Einsetzen einer geringen „Tauwetter"-Phase in der DDR	Uwe Johnson: Ingrid Babendererde. Reifeprüfung 1953 (BRD 1985) Karl Mundstock: Bis zum letzten Mann	
1957	30. Plenum beendet „Tauwetter"-Phase Zuchthausstrafen für Wolfgang Harych, Walter Janka, Erich Loest	Erwin Strittmatter: Der Wundertäter, Teil 1 Harry Thürk: Die Stunde der toten Augen Arnold Zweig: Die Zeit ist reif	

1958	V. Parteitag verkündet „sozialistische Kulturrevolution“: Aufhebung der Trennung von Kunst und Leben	Bruno Apitz: Nackt unter Wölfen Juri Brežan : Der Gymnasiast	
1959	Erste Bitterfelder Konferenz sucht Künstler und Arbeiter einander näher zu bringen	Willi Bredel: Ein neues Kapitel Uwe Johnson: Mutmaßungen über Jakob (BRD) Anna Seghers: Die Entscheidung	
1960		Werner Bräunig: In diesem Sommer Dieter Noll: Die Abenteuer des Werner Holt, Teil 1	
1961	V. Schriftstellerkongreß 13. August: Bau der Berliner Mauer, dadurch stärkere Konzentration der Literatur nach innen	Karl-Heinz Jakobs: Beschreibung eines Sommers Uwe Johnson: Das dritte Buch über Achim (BRD) Erik Neutsch: Bitterfelder Geschichten Christa Wolf: Moskauer Novelle	
1962	Lyriklesung in der Akademie der Künste: Versuch, der kritischen Befindlichkeit junger Autoren ein Forum zu schaffen	Franz Fühmann: Das Judenauto Max Walter Schulz: Wir sind nicht Staub im Wind Anna Seghers: Karibische Geschichten	Hermann Kant: Ein bißchen Südsee (mit: Krönungstag)
1963	VI. Parteitag beschließt umfassenden Aufbau des Sozialismus und „Neues ökonomisches System der Planung und Leitung“: in der Folge Auswirkungen auf Kunst und Literatur	Günter de Bruyn: Der Hohlweg Dieter Noll: Die Abenteuer des Werner Holt, Teil 2 Brigitte Reimann: Die Geschwister Christa Wolf: Der geteilte Himmel	
1964	2. Bitterfelder Konferenz mit indirekter Absage an die Forderungen von 1959	Johannes Bobrowski: Levins Mühle Günter Kunert: Tagträume (BRD) Erik Neutsch: Die Spur der Steine	Heiner Müller: Licht des Jahrhunderts (mit: Das Eiserne Kreuz)

1965	9. Plenum mit der Forderung, Kultur systematisch und komplex zu fördern VI. Schriftstellerkongreß wird nicht einberufen 11. Plenum mit scharfer Kritik an Autoren wie H. Müller, G. Kunert, W. Biermann, W. Bräunig		Johannes Bobrowski: Boehlendorff und Mäusefest (mit: Mäusefest, entstanden 1962) Stephan Hermlin: Die Zeit der Gemeinsamkeit/ In einer dunklen Welt, entstanden 1964
1966	Gründung des Verbandes der Theaterschaffenden Lyrikdebatte der Zeitschrift „Forum" soll „modernistische Tendenzen" diskreditieren	Fritz Rudolf Fries: Der Weg nach Oobliadooh (BRD; DDR 1989) Johannes Bobrowski: Litauische Claviere Franz Fühmann: König Ödipus Anna Seghers: Die Sagen von Artemis Erwin Strittmatter: Schulzenhofer Kramkalender	Günter de Bruyn: Ein schwarzer, abgrundtiefer See (mit : Vergißmeinnicht)
1967		Günter Kunert: Im Namen der Hüte (BRD) Anna Seghers: Das wirkliche Blau Christa Wolf: Juninachmittag	Joachim Nowotny: Labyrinth ohne Schrecken (mit: Legende von der Sintflut)
1968	9. Plenum „warnt" vor „Modernismus" als Zeichen der Konterrevolution Niederschlagung des „Prager Frühlings" durch Warschauer Pakt erschüttert viele Autoren	Jurek Becker: Jakob der Lügner Günter de Bruyn: Buridans Esel Werner Heiduczek: Abschied von den Engeln Anna Seghers: Die Kraft der Schwachen Alfred Wellm: Pause für Wanzka oder Die Reise nach Descansar Christa Wolf: Nachdenken über Christa T.	Günter Kunert: Die Beerdigung findet in aller Stille statt. Erzählungen (mit: Die Waage)
1969	VI. Schriftstellerkongreß mit Orientierungen gegen „weltanschauliche Abweichungen" und auf positive Wirklichkeitsabbildung	Manfred Bieler: Maria Morzeck oder Das Kaninchen bin ich (BRD) Fritz Rudolf Fries: Der Fernsehkrieg Günter Kunert: Kramen in Fächern Werner Bräunig: Gewöhnliche Leute	Erwin Strittmatter: Ein Dienstag im September (mit: Zwei Männer auf einem Wagen)

1970		Franz Fühmann: Der Jongleur im Kino Rolf Schneider: Der Tod des Nibelungen Helga Schütz: Vorgeschichte oder Schöne Gegend Probstein	
1971	Erich Honecker löst Walter Ulbricht als Erster Sekretär des ZK der SED ab VIII. Parteitag: Größere Liberalität und Fortfall von Tabus werden zugesagt	Werner Bräunig: Gewöhnliche Leute (erweitert) Werner Heiduczek: Mark Aurel oder ein Semester Zärtlichkeit Karl-Heinz Jakobs: Eine Pyramide für mich Günter Kunert: Ortsangaben Erwin Strittmatter: 3/4 hundert Kleingeschichten Fred Wander: Der siebente Brunnen	
1972	6. Plenum betont wieder Beibehaltung des (einengenden) „sozialistischen Realismus“	Volker Braun: Das ungezwungene Leben Kasts Günter de Bruyn: Preisverleihung Stefan Heym: Der König David Bericht (BRD; DDR 1973) Hermann Kant: Das Impressum Ulrich Plenzdorf: Die neuen Leiden des jungen W. Helga Schütz: Das Erdbeben bei Sangerhausen Erwin Strittmatter: Die blaue Nachtigall	
1973	VII. Schriftstellerkongreß bestätigt Liberalisierungstendenz „Bitterfelder Weg“ wird als Leitvorstellung zurückgenommen	Jurek Becker: Irreführung der Behörden Fritz Rudolf Fries: See-Stücke Franz Fühmann: 22 Tage oder die Hälfte des Lebens Karl-Heinz Jakobs: Die Interviewer Sarah Kirsch: Die ungeheuren bergehohen Wellen auf See Erik Neutsch: Auf der Suche nach Gatt Erwin Strittmatter: Der Wundertäter, Teil 2	

1974		Fritz Rudolf Fries: Das Luftschiff Stefan Heym: Fünf Tage im Juni (BRD; DDR 1989) Günter Kunert: Der andere Planet Irmtraud Morgner: Leben und Abenteuer der Trobadora Beatriz Erik Neutsch: Der Friede im Osten, Teil 1 Brigitte Reimann: Franziska Linkerhand Gerti Tetzner: Karen W. Christa Wolf: Unter den Linden	
1975		Volker Braun: Unvollendete Geschichte (Buch 1988) Hermann Kant: Eine Übertretung Günter Kunert: Der Mittelpunkt der Erde Klaus Schlesinger: Alte Filme Alfred Wellm: Pugowitza oder Die silberne Schlüsseluhr Charlotte Worgitzky: Die Unschuldigen	
1976	Ausbürgerung des Liedermachers Wolf Biermann, Protest von 12 Autoren, später von 150 Künstlern	Jurek Becker: Der Boxer Juri Brežan : Krabat Erich Köhler: Hinter den Bergen Joachim Nowotny: Ein gewisser Robel Rolf Schneider: Das Glück	Reiner Kunze: Die wunderbaren Jahre (mit: Element)
1977	Eine Reihe prominenter Autoren verläßt in Folge der Biermann-Ausbürgerung das Land (vgl. Der „Fall" Biermann, S. 125 ff.), in den Folgejahren weitere Zersplitterung der Schriftsteller in ihrer Haltung zur DDR	Paul Gratzik: Transportpaule Werner Heiduczek: Tod am Meer Hermann Kant: Der Aufenthalt Hans-Joachim Schädlich: Versuchte Nähe (BRD) Klaus Schlesinger: Berliner Traum	Franz Fühmann: Erzählungen 1955 – 1975 (mit: Drei nackte Männer) Thomas Brasch: Vor den Vätern sterben die Söhne (mit: Mit sozialistischem Gruß)

1978	VIII. Schriftstellerkongreß verdeckt Widersprüche in der DDR-Literatur, Hermann Kant zum neuen Vorsitzenden gewählt, Anna Seghers – Vorsitzende seit 1952 – wird Ehrenvorsitzende	Günter de Bruyn: Märkische Forschungen Franz Fühmann: Der Geliebte der Morgenröte Günter Görlich: Eine Anzeige in der Zeitung Helga Königsdorf: Meine ungehörigen Träume Erich Loest: Es geht seinen Gang Ulrich Plenzdorf: Kein runter kein fern	
1979	3. Strafrechtsänderungsgesetz schafft Handhabe gegen Autoren, die in der BRD publizieren	Volker Braun: Die Tribüne Adolf Endler: Nadelkissen (BRD) Stephan Hermlin: Abendlicht Stefan Heym: Collin (BRD; DDR 1990) Erich Köhler: Reise um die Erde in acht Tagen Günter Kunert: Drei Berliner Geschichten Erik Neutsch: Der Friede im Osten, Teil 2 Dieter Noll: Kippenberg Ulrich Plenzdorf: Die Legende vom Glück ohne Ende Rolf Schneider: November (BRD) Christa Wolf: Kein Ort. Nirgends	
1980		Christoph Hein: Einladung zum Lever Bourgeois Uwe Saeger: Nöhr Rolf Schneider: Unerwartete Veränderung Helga Schütz: Julia oder Erziehung zum Chorgesang Erwin Strittmatter: Der Wundertäter, Teil 3	
1981	Auf Initiative von Stephan Hermlin 1. Berliner Autoren-Begegnung zur Friedensförderung: Autoren aus Ost und West betonen ihre öffentliche politisch-moralische Verantwortung; zugleich deutliche Kritik an gesellschaftlichen Zuständen in der DDR	Franz Fühmann: Saiäns-fiktschen Stefan Heym: Ahasver (BRD; DDR 1988) Hermann Kant: Der dritte Nagel Monika Maron: Flugasche (BRD; DDR 1990) Helmut H. Schulz: Das Erbe	

1982	Schriftstellertreffen in Den Haag: Begegnung eines Teils der deutschen Autoren, Warnung vor den militärischen Bedrohungen aus Ost und West	Jurek Becker: Aller Welt Freund (BRD; DDR 1983) Jurij Brežan: Bild des Vaters Hanns Cibulka: Swantow Gabriele Eckart: Per Anhalter Fritz Rudolf Fries: Alexanders neue Welten Paul Gratzik: Kohlenkutte (BRD; DDR 1989) Christoph Hein: Der fremde Freund (BRD 1983: Drachenblut) Helga Königsdorf: Der Lauf der Dinge Erwin Strittmatter: Wahre Geschichten aller Ard(t) Christine Wolter: Die Alleinseglerin	
1983	2. (West-)Berliner Autoren-Begegnung zur Friedensförderung: gegen Verschweigen der Kriegsgefahr in Ost und West	Volker Braun: Berichte von Hinze und Kunze Irmtraud Morgner: Amanda. Ein Hexenroman Erwin Strittmatter: Der Laden, Teil 1 Christa Wolf: Kassandra. Vier Vorlesungen. Eine Erzählung	Lutz Rathenow: Wenn der Streit unmittelbar bevorsteht (in: Brennesselsuppe und Hiatiti)
1984	Gerhard Holtz-Baumert vertritt bis 1986 Kant als Präsident des Schriftstellerverbandes	Günter de Bruyn: Neue Herrlichkeit (BRD; DDR 1985) Fritz Rudolf Fries: Verlegung eines mittleren Reiches Stefan Heym: Schwarzenberg (BRD) Angela Krauß: Das Vergnügen Günter Rücker: Herr von Oe. Hilde, das Dienstmädchen Uwe Saeger: Einer hat getötet Rolf Schneider: Unsterblichkeit Bernd Wagner: Reise im Kopf Joachim Walter: Bewerbung bei Hofe	

1985	Aktivierung der DDR-Schriftsteller durch Gorbatschows Reformkurs: Zunahme der öffentlichen Forderungen nach Demokratisierung KSZE-Kulturforum in Budapest	Volker Braun: Hinze-und-Kunze-Roman Hanns Cibulka: Seedorn Sigrid Damm: Vögel, die verkünden Land Christoph Hein: Horns Ende Stephan Hermlin: Mein Friede; Rückkehr Erik Neutsch: Der Friede im Osten, Teil 3 Erwin Strittmatter: Grüner Juni Wolfgang Hilbig: Der Brief (BRD)	Christa Wolf: Anekdotisches (in: Autoren, Verleger, Bücher) Günther Rükker: Anton Popper und andere Erzählungen (mit: Eine Geschichte aus dem mittleren Thüringen; BRD 1987: Alles Verwandte) Helga Schubert: Das Märchen von den glücklichen traurigen Menschen (in: Der Holzwurm und der König)
1986	Kulturabkommen BRD – DDR: Ansätze eines verbesserten Literaturkontaktes	Jurek Becker: Bronsteins Kinder (BRD; DDR 1989) Barbara Honigmann: Roman von einem Kinde (BRD) Hermann Kant: Bronzezeit Helga Königsdorf: Respektloser Umgang Monika Maron: Die Überläuferin (BRD) Sarah Kirsch: Irrstern (BRD) Charlotte Worgitzky: Heute sterben immer die anderen (BRD)	
1987	X. Schriftstellerkongreß: Zuwendung zu brennenden Problemen, z.B. „ehemalige" DDR-Autoren und Literaturzensur; Wiederwahl Hermann Kants als Vorsitzenden	Brigitte Burmeister: Anders oder Vom Aufenthalt in der Fremde Erik Neutsch: Der Friede im Osten, Teil 4 Erwin Strittmatter: Der Laden, Teil 2 Alfred Wellm: Morisco Christa Wolf: Störfall – Nachrichten eines Tages Hans Joachim Schädlich: Ostwestberlin (BRD)	

1988	Ansätze einer „Demokratisierung" der Literatur: Abschaffung des „Druckgenehmigungsverfahrens", Nachdrukke mehrerer Titel von DDR-Autoren, die bisher nur in der BRD erschienen waren, Kontakte zu einigen „ehemaligen" DDR-Autoren	John Erpenbeck: Gruppentherapie Hermann Kant: Die Summe. Eine Begebenheit Helga Königsdorf: Lichtverhältnisse Uwe Saeger: Das Überschreiten einer Grenze bei Nacht Bernd Völlger: Partitur eines verlorenen Sieges Joachim Fuchs: Das Ende einer Feigheit (BRD) Sarah Kirsch: Allerlei-Rauh (BRD) Joachim Walther: Heldenleben	Volker Braun: Unvollendete Geschichte; Verheerende Folgen mangelnden Anscheins innerbetrieblicher Demokratie. Schriften. (mit drei Texten) Angela Krauß: Das Glashaus (mit: Der Zuchtmeister)
1989	Verstärkte Proteste, Republikflucht als Massenerscheinung und friedliche Demonstrationen führen zur gesellschaftlichen Wende in der DDR: Sturz Erich Honeckers und Fall der Mauer	Jurij Brežan: Mein Stück Zeit Fritz Rudolf Fries: Die Väter im Kino Kerstin Hensel: Hallimasch Christoph Hein: Der Tangospieler Jochen Laabs: Der Schattenfänger Gert Neumann: Die Schuld der Worte Erik Neutsch: Claus und Claudia	
1990	Ende der DDR als sozialistischer Staat, Vereinigung von BRD und DDR; komplizierte Annäherung und kontroverse Auseinandersetzung der deutschen Schriftsteller	Stefan Heym: Auf Grund gebaut Wolfgang Hilbig: Über den Tonfall: 3 Prosastücke Helga Königsdorf: Ungelegener Befund Thomas Rosenlöcher: Die verkauften Pflastersteine. Dresdener Tagebuch Uwe Saeger: Die Nacht danach und der Morgen Helga Schubert: Judasfrauen Joachim Walther: Risse im Eis Christa Wolf: Was bleibt	Thomas Rosenlöcher: Der Untergang der Banane (in: Begrenzt glücklich. Kindheit in der DDR, 1992)

Johannes R. Becher Die Literatur benötigt ihre Theorie

Becher konnte nicht an einer Konferenz „Über Probleme des Realismus in unserer Literatur" teilnehmen, die die Parteigruppe der SED im Deutschen Schriftstellerverband vom 6. bis 8. Juni 1958 durchführte. Er schrieb einen kurzen Brief:

Liebe Genossen, liebe Freunde!

Krankheitshalber verhindert, an Eurer Theoretischen Konferenz teilzunehmen, möchte ich es aber nicht unterlassen, diese Tagung recht herzlich zu begrüßen und Euch alles Gute zu ihrem Gelingen zu wünschen.

Es ist eine Lebensfrage für unsere Literatur, das theoretische Interesse zu wecken. Keine große Literatur hat je auf ein solch waches theoretisches Interesse verzichtet, ja es war ein immanenter[1] Bestandteil ihrer selbst, denn der Mangel an theoretischem Interesse gefährdet nicht nur das Werk jedes einzelnen Schriftstellers, der „auf sich selbst gestellt!" immer uninteressant und problemlos einem öden Praktizismus[2] und einer oft grotesken Spintisiererei[3] verfällt. Auch die Literatur selbst, der die Theorie mangelt und die dem Selbstlauf überlassen wird, sieht sich alsbald nicht mehr imstande, ihre entscheidenden nationalen Funktionen zu erfüllen und tritt als gesellschaftliche Macht ab. Dem Mangel an Theorie auch ist es zuzuschreiben, wenn die Literatur als Ganzes zerfällt, die Genres sich gegenseitig verfremden und insbesondere, wenn die Dichtung nur eine untergeordnete Rolle spielt, denn gerade sie, die Dichtung, ist auf Theorie und Philosophie besonders angewiesen. Keine große Literatur, die nicht theoretisch auf der Höhe gewesen wäre, keine große Literatur, die sich nicht sich selber gegenüber literarisch verhalten hätte, das heißt, indem sie über sich selber nachgedacht und ihre Gestalt zu erfassen versucht hätte; wie erst wäre es möglich, eine sozialistische Literatur zu schaffen – ohne Bewußtheit, ohne theoretischen, ohne philosophischen Sinn? [...]

Ich wünsche uns allen, daß die Theoretische Konferenz in diesem Sinne einen wichtigen Beitrag zur Entwicklung unserer sozialistischen Literatur leistet. Es wird häufig davon gesprochen, daß uns eine schöpferische Atmosphäre fehlt, aber besteht eine schöpferische Atmosphäre nicht gerade in geistigen Auseinandersetzungen von hohem Niveau, an der nicht nur Schriftsteller und Literaturhistoriker, sondern eine möglichst breite Schicht von Menschen teilnimmt, die sich für literarische Probleme interessieren?

Also nochmals: Möge der Konferenz ein guter Erfolg beschieden sein.

1 *immanent:* innewohnend
2 *Praktizismus:* in einseitiger Weise nur auf praktische Fragen gerichtet
3 *groteske Spintisiererei:* verzerrte und sinnlose Grübelei

Arbeitsanregungen

1. *Worin bestehen nach Becher wesentliche Voraussetzungen für „große“ Literatur?*
2. *Becher spricht von der notwendigen theoretischen Basis für die Literatur. Zur wissenschaftlichen Bildung eines Schriftstellers hingegen äußert sich Christa Wolf. Lest dazu ihren kleinen Text „Anekdotisches“ (S. 64 ff.). Welche Unterschiede erkennt ihr in den Bezugspunkten der beiden bedeutenden deutschen Schriftsteller?*
3. *Vergleicht Bechers Aussagen auch mit Anna Seghers' Überlegungen über die Quelle und Basis eines Schriftstellers (S. 124 f.).*
4. *Offenbar lassen sich Bezüge von dieser „Theoretischen Konferenz“ zum V. Parteitag der SED 1958 und zur „Ersten Bitterfelder Konferenz“ 1959 herstellen.*
   a) *Schaut dazu in unsere Chronik, auch auf das Jahr 1964 (S. 111).*
   b) *Prüft dann die nachdenklichen Überlegungen Fühmanns zur Lenkung und Planung des dichterischen Schaffens (S. 121 ff.).*

Franz Fühmann Prüft den „Bitterfelder Weg“!

In der zweiten Hälfte der fünfziger Jahre wurden die Bemühungen verstärkt, Kunst und Alltag, Künstler und Werktätige im Sinne der sozialistischen Entwicklung stärker zusammenzuführen. Der V. Parteitag der SED forderte 1958, daß die noch vorhandene Trennung zwischen Kunst und Leben endlich zu überwinden sei. Wenn die Arbeiterklasse der DDR den Staat und die Wirtschaft beherrsche, so müsse sie auch souverän mit Kunst und Kultur umgehen können.

Auf der Bitterfelder Konferenz im April 1959 wurden konkrete kulturpolitische Maßnahmen eingeleitet, die man später als *Bitterfelder Weg* bezeichnete: So sollten die Künstler zielgerichtet in die Betriebe gehen und dort in den Brigaden arbeiten, um die Produktion und das Leben und Denken der werktätigen Menschen richtig kennenzulernen. Auf diese Weise sollten endlich jene lange vermißten Bücher entstehen, die über den Enthusiasmus der Werktätigen, den Aufbau und die Veränderung des Lebens in der DDR berichteten.

Franz Fühmann (vgl. Kurzbiographie, S. 32) wirkte auf eigenen Entschluß im Jahre 1959 für einige Zeit unter den Arbeitern der Warnow-Werft Rostock. Ausschnitte seiner ehrlichen, die Realität nicht beschönigenden Reportage „Kabelkran und Blauer Peter“ (1961) waren über viele Jahre (ungern gelesene) Pflichtlektüre der Schüler aller achten Klassen in der DDR.

Als der Minister für Kultur, Hans Bentzien, Fühmann 1964 zur zweiten Bitterfelder Konferenz einlud, die sich den Beziehungen zwischen wissenschaftlich-technischer Revolution, gesellschaftlicher Entwicklung und Kunst/Literatur zuwandte, sagte der Schriftsteller ab. Doch in einem Brief widmete er sich ausführlich dem Verhältnis zweier unterschiedlicher Welten, der Welt der Arbeit und der Welt der Kunst:

Franz Fühmann Brief an den Minister für Kultur (gekürzt)

Sehr geehrter Herr Minister!

Ich danke Ihnen für die Einladung, an der Vorbereitung einer Kulturkonferenz in Bitterfeld teilzunehmen. […]

Ich glaube an eine bestimmte Qualität der Form-Inhalt-Verbindung, die Geschriebenes erst zur Literatur macht, und an objektive, im gesamten Literaturschaffen der Menschheit verbindliche und nicht allein auf Themenwahl oder Massenwirksamkeit beruhende Kriterien dieser Qualität. Um diese Qualität mache ich mir Sorgen. Wie können wir sie erhöhen? Wie können wir besser wirksam werden?

Zunächst und in der Hauptsache ist das natürlich eine Frage jedes einzelnen Schriftstellers selbst. Ich möchte daher, sehr geehrter Herr Minister, Ihnen von Überlegungen berichten, die ich in den letzten Monaten über mein eigenes Schaffen angestellt habe. Wir sprechen oft und mit Recht davon, daß der soziale und der persönliche Auftrag zusammenfallen muß, wenn ein Kunstwerk entstehen soll. Der soziale Auftrag nun ist in den letzten Jahren sehr oft formuliert und sehr leidenschaftlich verfochten worden: Er ist das, was wir mit einer Formel (die nicht zu lieben ich eingestehe) den Bitterfelder Weg nennen. Wie aber steht es mit dem persönlichen Auftrag? Ich glaube, daß jeder Schriftsteller sich immer wieder besinnen müßte, welche Themen, Stoffe und Genres[1] ihm nach Maßgabe seiner Fähigkeiten, seines Talents, seiner Herkunft und seines Lebensweges am gemäßesten sind und wo er mit seinen spezifischen Ausdrucksmitteln das Beste und Qualifizierteste zu leisten vermag. Dies mag eine Binsenwahrheit scheinen, aber die gesamte öffentliche Kritik und wohl auch unsere Kulturinstitutionen drängen den Schriftsteller nicht in seiner spezifischen Richtung vorwärts, sondern in der Richtung der jeweiligen Tages-, Monats- oder Jahresaktualität, das heißt, sie sehen den Bitterfelder Weg nicht als Auftrag zur Eroberung eines Landes, einer neuen ästhetischen Provinz, sondern als schmalen Weg einer bestimmten Lebensänderung für einen bestimmten Genretyp: Der Schriftsteller gehe in einen Betrieb oder in eine LPG[2] und schreibe dann einen Roman. Viele meiner Freunde und Kollegen sagten nach dem Erscheinen meines „Kabelkrans": „Jetzt erwarten wir von dir den großen Betriebsroman; du hast mit diesem Buch ein Versprechen gegeben, das du nun einlösen mußt!" […]

[Nun; d. A.] werde ich diese Freunde und mit ihnen vielleicht die öffentliche Erwartung enttäuschen: Ich werde diesen Roman nicht schreiben. Weder liegt mir der Roman als Genre, noch glaube ich, jemals in der Lage zu sein, die differenzierten Gestalten des Arbeiters heute und hier in ihren Lebensmilieus, ihren Gedanken, Träumen, Wünschen, Sehnsüchten, Glücks- und Leidempfindungen […] prall und poetisch echt darstellen zu können. […]

1 *Genre:* hier: Textsorte in der Literatur
2 *LPG:* Landwirtschaftliche Produktionsgenossenschaft; in der DDR (vielfach mit Druck durchgesetzte) kollektive Form der landwirtschaftlichen Produktion

Ich kenne sie, die Arbeiter, dafür viel zuwenig, und der üblich gewordene Weg: in einen Betrieb gehen und dort längere, auch lange Zeit mit einer Brigade[1] zu arbeiten oder sich anders umzutun, fügt den ersten schönen und tiefen Erlebnissen der Begegnung von Schriftsteller und Arbeiter zu wenig neue Erlebnisse und Erfahrungen hinzu, als daß sich der große Aufwand an Zeit noch rentiere[2], und auch wenn man den Betrieb wechselt, wie ich es getan habe, kommt man doch schließlich einmal an eine Grenze, die nicht mehr zu überschreiten ist, obwohl jenseits noch weites Land liegt. Letzten Endes ist man bei aller freundlichen, ja freundschaftlichen, ja herzlich-erwartungsvollen Aufnahme, die mir und anderen überall zuteil wurde, doch eben nur ein Außenstehender, der auf die Dauer der Brigade zur Last fällt, wenngleich sie das auch nicht eingesteht. Unsereins müßte, um die erwähnte Grenze zu überschreiten, als Lehrling ein Handwerk von der Pike auf lernen (ich habe das versucht und mit einem Schweißerlehrgang begonnen, aber das Vorhaben wieder aufgegeben, als ich gesehen habe, daß man nicht irgendwo in den Beruf einsteigen kann, sondern eben mit einer Grundausbildung Metall beginnen müßte). Dann, nach drei- bis vierjähriger Lehrzeit, müßte man als Arbeitsuchender und nicht als Schriftsteller in einen Betrieb gehen, dort vier bis fünf Jahre körperliche Arbeit leisten, dann wären wir vielleicht in der Lage, [... lebensnah zu schreiben; d. A.]

Ich bitte Sie, sehr geehrter Herr Minister, mich nicht mißzuverstehen. Ich möchte die Zeit (und es war viel Zeit), die ich auf der Werft, auf der Baustelle und anderswo beim Versuch, mir die Voraussetzungen für eben jenen „Betriebsroman" zu erarbeiten, verbracht habe, in meinem Leben nicht mehr missen. Ich hatte, als ich noch kein freischaffender Schriftsteller war, seit Jahren, und nicht immer konfliktlos, danach gedrängt, Betrieb und Dorf unserer Republik kennenzulernen, und jene Zeit war nützlich und hat mir viel gegeben, nicht nur für den Schreibtisch. Ich möchte auch gern weiterhin einen Kontakt, über dessen Form ich mir allerdings noch nicht im klaren bin, halten. Ich halte es aber in meinem Fall für falsch, dies Bemühen rein quantitativ fortzusetzen: Man geht in eine Brigade und noch in eine und noch in eine und noch – dabei kommt nicht viel heraus. Denn zwei Gebiete jenseits der erwähnten Grenze werde ich beim besten Willen nicht mehr erobern können: das weite Land der Erinnerung an Herkunft, Familie, Schule, Lehrzeit, erste Liebe, erstes Glück, erstes Leid, an jene Dimension[3] also, die jedes Stück Literatur braucht, um nicht flach zu bleiben. Zum zweiten liegt „jenseits" der weite Bezirk der allgemein-menschlichen Gefühle, die im literarischen Werk nur dann glaubhaft gestaltet werden können, wenn man sie in ihrer, durch die gesellschaftliche Spezifik geprägten Individualität zeigt. Die aber kenne ich nicht, und ich komme „von außen" zu wenig in sie hinein; es langt zu einer politischen Debatte, aber nicht zur künstlerischen Gestaltung. Was zum Beispiel empfindet ein Mensch, der weiß, daß er sein Leben lang so ziemlich dieselbe Arbeit für so ziemlich dasselbe Geld verrichten wird, als beglückend und was

1 *Brigade:* Arbeitsgruppe in Produktionsbetrieben der DDR
2 *rentieren:* hier: sich lohnen
3 *Dimension:* hier: Ausmaß (an Lebenserfahrungen)

als bedrückend an eben dieser Arbeit; wo bringt sie ihm Reize, wo Freude, wo Leid, *in welchen Bildern, auf welche Weise erscheint sie in seinem Denken und Fühlen,* usw. usw. Ich weiß es nicht und kann es nicht nachempfinden, und der Arbeiter spricht, obwohl er mein Freund ist, nicht darüber, weil es für ihn die allerselbstverständlichsten Dinge sind, so selbstverständlich, daß man die Frage danach gar nicht versteht, weil man die Antwort eben in Fleisch und Blut hat, nicht im Mund. Natürlich weiß ich etwas, ein bißchen, ich ahne etwas, und ich könnte zur Not mit dem auskommen, was ich weiß, vielleicht würde es sogar lesbar werden, aber es würde, gemessen an dem, was ich literarisch leisten könnte, einen Rückschlag bedeuten. Denn eine Grundregel künstlerischen Schaffens sagt, daß man zehnmal mehr wissen muß, als man für die jeweilige Gestaltung gerade braucht. Nur dann kann man „aus dem vollen schöpfen", sich „frei im Stoff bewegen" und „souverän[1] komponieren und gestalten". [...]

Mein Hauptthema aber wird bleiben: der Wechsel von einer Klassenposition[2] auf die andere in seinen mannigfachen Formen und historischen Erscheinungen, das heißt konkret für unsre Zeit: der Mensch kleinbürgerlicher Herkunft in seiner Erschütterung, Wandlung oder Nicht-Wandlung unter dem Faschismus, im Krieg, in sowjetischer Kriegsgefangenschaft, in der DDR und in Westdeutschland. Kann man dazu etwas Neues sagen? Ich glaube, daß dieses Thema, wenn man nur in die Tiefe dringt, unerschöpflich ist. Aber nützt es uns denn etwas beim umfassenden Aufbau des Sozialismus? Ich bin davon überzeugt. [...]

Berlin, 1. März 1964

Arbeitsanregungen

1. *Was versteht Franz Fühmann unter dem „sozialen" und unter dem „persönlichen" Auftrag des Schriftstellers?*
2. *Welche Erfahrungen hat Fühmann in der Arbeitswelt gemacht? Worin sieht er den Nutzen enger Praxisbeziehungen für einen Künstler?*
3. *Wie bewertet Fühmann den Bitterfelder Weg?*
4. *Lest S. 121, Z. 31 – S. 123, Z. 13 noch einmal nach. Untersucht dann an einer der nachstehend genannten Erzählungen aus diesem Buch, welche Erfahrungen aus der Arbeits- und Lebens-Welt der Autor in die Welt seiner literarischen Gestalten eingebracht hat: E. Strittmatter „Zwei Männer auf einem Wagen", G. Rücker „Eine Geschichte aus dem mittleren Thüringen", G. Kunert „Die Waage", V. Braun „Verheerende Folgen mangelnden Anscheins innerbetrieblicher Demokratie", A. Krauß „Der Zuchtmeister". Bewertet dabei künstlerische Gestaltung und Funktion solcher alltäglichen Sachaspekte im Gesamttext.*

1 *souverän:* überlegen, sicher
2 *Klasse:* hier: gesellschaftliche Klassen, z. B. Bürgertum und Arbeiterklasse

Anna Seghers Die DDR und ihre Schriftsteller (Auszug)

Anna Seghers äußerte sich 1974 anläßlich des 25. Jahrestages der DDR in einem Aufsatz über das Land und seine Schriftsteller. Dabei ging sie auf die Rolle des Autors in beiden deutschen Staaten und auf unterschiedliche Betrachtungsweisen der Generationen ein.

Oft wird gefragt, was anders sein könnte in unserer Literatur, ob sie sich und durch was unterscheidet von der Literatur in der BRD.

Das Zusammensein der Menschen hat in beiden deutschen Staaten eine andere Struktur angenommen. Sicher nicht jedem, aber sicher jedem aufrichtigen und zugleich nachdenklichen Menschen, ob er erwachsen ist oder so jung, daß er erst selbständig zu denken anfängt, ist ein besonderes Element im Leben wichtig. Von diesem jeweils Wesentlichen im einzelnen Menschen und in der Gesellschaft nährt sich und ändert sich die Kunst. Daraus erhält sie ihre Stoffe. „Don Quijote"[1] wäre nicht möglich gewesen ohne das absterbende Rittertum und Balzacs[2] Romane wären nicht möglich gewesen ohne den entstehenden Kapitalismus. Die Streitfrage heißt nicht „besser" oder „schlechter", sondern „wodurch anders"?

Ich nehme an, daß ziemlich bekannte Schriftsteller in der BRD ebensoviele und seltsame Briefe von Lesern bekommen wie wir. Wahrscheinlich wird überall der Schriftsteller nicht nur als der Verfasser von Büchern betrachtet, die dem Leser etwas bedeuten, er ist auch da, um ihm zu beichten, um sich zu beschweren, um sich Klarheit in allen möglichen Lebensgebieten zu verschaffen. In den Briefen, die ich im letzten Jahr erhielt, sieht man, wie tief bei uns der Internationalismus eingedrungen ist, der Wunsch, sich nicht nur um den anderen Menschen, auch um das andere Volk zu kümmern. Eine Frau teilt mir mit, sie sei seit kurzem daheim, nach der Geburt ihres dritten Kindes, doch sie müsse in einer freien Abendstunde ein Gedicht über Neruda[3] schreiben. Irgendwo hat sie gelesen, daß Neruda mein Freund gewesen sei, darum schicke sie mir diesen Brief.

Die Ereignisse in Chile[4] machten gerade auf die Jugend solchen Eindruck, die in ihrer Umgebung noch nie erlebt hat, was geschehen kann, wenn der Faschismus siegt.

Die Generation, die jetzt an die Reihe kommt, Arbeiter, Bauern, Wissenschaftler, Künstler, haben nichts von Krieg und Faschismus erlebt. Es ist aber Unsinn anzunehmen, daß sie darum sorglos aufwachsen. Wenn wir auch froh über alles sind, was wir mit eigner Arbeit, manchmal mit Opfern erreichten, damit die junge Generation jetzt heranwachsen kann, sie hat andere Leiden und Sorgen, eine andere Art Opfer muß sie bringen, um richtig und gerecht weiterzuleben. Darüber wird sie selbst berichten. Sie

1 *Don Quijote:* bedeutender Roman des Spaniers Miguel de Cervantes Saavedra (1547 – 1616)

2 *Honoré de Balzac (1799 – 1850):* wichtiger französischer Schriftsteller des Realismus

3 *Pablo Neruda (1904 – 1973):* chilenischer Dichter von Weltruf

4 *Ereignisse in Chile:* 1973 wurde die demokratisch gewählte linksorientierte Regierung um Salvador Allende durch reaktionäres Militär gestürzt.

versteht auch uns Alte besser, denn diese jungen Menschen sind ja bereits die, die Brecht um Nachsicht gebeten hat, weil viele von uns hart wurden in harten Zeiten.

Verzeiht, wenn ich einem eigenen, früher geschriebenen Satz ihrethalben etwas verändert hinzufüge: Was jetzt geschehen wird, wird ihnen geschehen. – Doch wir Schriftsteller haben daran unseren Anteil.

Arbeitsanregungen

1. *Wodurch wird nach Meinung von Anna Seghers das Schaffen eines jeden Schriftstellers bestimmt? Welche Bedeutung kann ein Schriftsteller für Leser besitzen?*
2. *Interpretiert den Satz, daß „viele von uns (der älteren Generation; d. A.) hart wurden in harten Zeiten“.*
   a) Bezieht euch bei eurer Antwort auch auf die Geschichte „Der Baum des Odysseus“ (S. 10 f.)
   b) Stellt direkte Bezüge zu Stephan Hermlins „In einer dunklen Welt“ oder Heiner Müllers „Das Eiserne Kreuz“ her.
3. *a) Auf welche Befindlichkeit der jüngeren Generation von 1974 weist die lebenserfahrene Anna Seghers hin?*
   b) Prüft ihre weitsichtigen Überlegungen an folgenden Geschichten dieses Buches: R. Kunze „Element“, H. Schubert „Das Märchen von den glücklichen traurigen Menschen“.
   c) Interpretiert in diesem Zusammenhang den inhaltsschweren Satz „Was jetzt geschehen wird, wird ihnen geschehen.“ (S.125 , Z. 4).

Der „Fall“ Biermann

Der aus der Brecht-Tradition kommende Liedersänger Wolf Biermann, Jahrgang 1936, war seit Mitte der sechziger Jahre in der DDR immer mehr durch respektlos-aggressive politische Lieder hervorgetreten, die von einer sozialistischen Position aus dringlich einforderten, was die großen linken Utopieentwürfe verheißen hatten. Aufführungs- und Druckverbote waren die Folge; nur unter dem Dach der Kirche wurde vom Staat hin und wieder ein Auftreten des Sängers geduldet. Der endlich genehmigte Auftritt Biermanns in der BRD im Nobember 1976 führte zum Eklat: In einem großartigen vielstündigen Konzert zur Gitarre entlädt sich der gesamte Unmut über den „realen Sozialismus“. Die DDR-Behörden verweigerten daraufhin die Wiedereinreise und verfügten – in solcher Weise erstmals – eine Ausweisung mit Aberkennung der Staatsbürgerschaft.

Damit war der Nimbus einer liberaleren Kulturpolitik, wie sie seit Honeckers Partei-Führung (1971) versprochen und in Ansätzen verwirklicht worden war, endgültig dahin. Freilich ließen sich die alten Befehlsmechanismen der fünfziger, sechziger Jahre nicht mehr widerstandslos durchsetzen: In einem in der BRD abgedruckten offenen Brief forderte man von der DDR-Führung, diesen politischen Akt zu überdenken:

> „Wolf Biermann war und ist ein unbequemer Dichter – das hat er mit vielen Dichtern der Vergangenheit gemein. – Unser sozialistischer Staat, eingedenk des Wortes aus Marxens ‚18. Brumaire', dem zufolge die proletarische Revolution sich unablässig selber kritisiert, müßte im Gegensatz zu anachronistischen Gesellschaftsformen eine solche Unbequemlichkeit gelassen nachdenkend ertragen können. – Wir identifizieren uns nicht mit jedem Wort und jeder Handlung Biermanns und distanzieren uns von Versuchen, die Vorgänge um Biermann gegen die DDR zu mißbrauchen. Biermann selbst hat nie, auch nicht in Köln, Zweifel daran gelassen, für welchen der beiden deutschen Staaten er bei aller Kritik eintritt. – Wir protestieren gegen seine Ausbürgerung und bitten darum, die beschlossene Maßnahme zu überdenken."

Die Erstunterzeichner waren Sarah Kirsch, Christa Wolf, Volker Braun, Franz Fühmann, Stephan Hermlin, Stefan Heym, Günter Kunert, Heiner Müller, Rolf Schneider, Gerhard Wolf, Jurek Becker, Erich Arendt. Ihnen schlossen sich im Laufe weniger Tage über 70 weitere Künstler und Intellektuelle an, u.a. Plenzdorf, Schlesinger, Fries, Bartsch, Schädlich, Fuchs, Brasch, de Bruyn, Jakobs, Bunge, Helga Schütz, Erb. Andere, wie Reiner Kunze oder der gerade in der Schweiz befindliche Bernd Jentzsch, protestierten mit eigenen Verlautbarungen. Darauf einsetzende Repressalien und propagandistische Gegenaktionen stellten die erwünschte Ruhe nicht wieder her: Der „Fall Biermann" hatte vor aller Welt die politisch-moralische Konstitution dieses Staatswesens offengelegt.

Die sich in der Reaktion auf die Ausbürgerung artikulierenden Gegenkräfte führten wesentlich zu einer Spaltung der Intellektuellen und zu einer Verunsicherung der Kulturpolitik, da ja die Kultur stets auch das Ansehen der DDR auf internationalem Parkett fördern sollte. Im Gegenzug zu den einsetzenden Repressalien verließen etliche namhafte Künstler die DDR, unter ihnen Kunert, Becker, Kirsch, die Schauspieler Manfred Krug, Angelika Domröse und Jutta Hoffmann. Um diese Abwanderungswelle aufzuhalten, versah die DDR-Führung bald darauf etliche der ausreisewilligen Intellektuellen mit einem offiziellen Reisepaß, der Rückkehrmöglichkeit verbürgte. Nicht zuletzt eine solche bevorzugte Behandlung mehrte den Unmut unter der Bevölkerung. Sie empfand die Intellektuellen – auch die kritischen – größtenteils nicht als ihre Sachwalter, sondern als Privilegierte, die in kritischen Situationen im Gegensatz zum „Kleinen Mann" vergleichsweise risikolos „in den Westen" gelangten.

Wolf Biermann Warte nicht auf bessre Zeiten

Manchen hör ich bitter sagen
„Sozialismus – schön und gut
Aber was man uns hier aufsetzt
Das ist der falsche Hut!“
Manchen seh ich Fäuste ballen
In der tiefen Manteltasche
Kalte Kippen auf den Lippen
Und in den Herzen Asche

Wartest du auf beßre Zeiten
Wartest du mit deinem Mut
Gleich dem Tor, der Tag für Tag
An des Flusses Ufer wartet
Bis die Wasser abgeflossen
Die doch ewig fließen

Manche raufen sich die Haare
Manche seh ich haßerfüllt
Manche seh ich in das Wolltuch
des Schweigens eingehüllt
Manche hör ich abends jammern
„Was bringt uns der nächste Tag
An was solln wir uns noch klammern
An was? An was? An was?“

Wartest du auf beßre Zeiten …

Manche hoffen, daß des Flusses
Wasser nicht mehr fließen kann
Doch im Frühjahr, wenn das Eis taut
fängt es erst richtig an
Manche wollen diese Zeiten
wie den Winter überstehn
Doch wir müssen Schwierigkeiten
Bestehn! Bestehn! Bestehn –

Warte nicht auf beßre Zeiten
Warte nicht mit deinem Mut …

Viele werden dafür sorgen
daß der Sozialismus siegt
Heute! Heute, nicht erst morgen!
Freiheit kommt nie verfrüht
Und das beste Mittel gegen
Sozialismus (sag ich laut)
ist, daß ihr den Sozialismus
AUFBAUT!!! Aufbaut! (aufbaut)

Wartet nicht auf beßre Zeiten
Wartet nicht mit eurem Mut
Gleich dem Tor, der Tag für Tag
An des Flusses Ufer wartet
Bis die Wasser abgeflossen
Die doch ewig fließen
die doch ewig fließen

Arbeitsanregung

In Reiner Kunzes Erzählung „Element“ wird dieser Song von Wolf Biermann erwähnt.

a) Lest im Text nach (S. 85, Z. 15–17). Wie ging man in der DDR offensichtlich mit Biermann-Liedern um? Wovor fürchteten sich möglicherweise die herrschenden Kräfte?

b) Wie würdet ihr dieses Lied verstehen?

Günter de Bruyn Fort mit der Zensur!

Der X. Schriftstellerkongreß im November 1987 spiegelte gewissermaßen im Vorfeld der großen gesellschaftlichen Veränderungen von 1989/90 den mutigen demokratischen Aufbruch gegen Erstarrtes wider. Einige Autoren übten öffentlich Kritik und forderten Veränderungen. G. de Bruyn sagte u. a.:

[…] Aufklärung durch Literatur wird bei uns viel gepriesen, aber wenig ausgeübt. Durch genauere Untersuchungen würden sich sicher historische, soziologische oder psychologische Gründe für diesen Zustand finden lassen. Ein auf der Hand liegender Grund aber ist natürlich das, was ich sonst Zensur nenne, hier aber, um einen fruchtlosen Streit um Begriffe zu vermeiden, Druckgenehmigungspraxis nennen will. Diese Praxis die uns erfreulicherweise vor kriegsverherrlichender Literatur und anderen Scheußlichkeiten bewahrt, schränkt leider auch die aufklärerische Wirkung von DDR-Literatur ein. Wenn nur *der* Fehler benannt werden darf, der schon beseitigt ist, wird die Entdecker-Funktion der Literatur, die das Entdecken von Fehlern mit einschließt, unmöglich gemacht oder zumindest beschnitten. Eine Gesellschaft, die diese Praxis, die in ihrer Frühzeit einmal sinnvoll gewesen sein mag, nicht zur rechten Zeit abschafft, schädigt ihr Ansehen, nährt Zweifel an ihrer Reformfähigkeit und beraubt sich der Antriebskraft der Kritik.

Sie alle, liebe Kolleginnen und Kollegen, wissen, wie leicht diese Literaturkritik hinter verschlossenen Türen die Atmosphäre vergiften kann. Dem einen werden Informationen vorenthalten, der andere bekommt sie, muß aber schweigen, der dritte muß Entscheidungen vertreten, die seine nicht sind. Wenn diese drei Kollegen einander begegnen, können sie, wenn sie nicht lügen wollen, nur über das Wetter reden; sie werden es also vorziehen, sich aus dem Wege zu gehen. Ohne böse Absicht wird durch diese Praxis immer wieder die Würde und das Selbstbewußtsein der Autoren (besonders der jüngeren) geschädigt; unser eigenes Urteil über Bücher (besonders über verbotene, die man guten Gewissens doch nicht auch noch kritisieren kann) wird verfälscht; die Leser werden bevormundet, die Schreiber entmündigt, und manche werden dazu veranlaßt, das Land zu verlassen, was oft nicht nur ihnen und der Literatur und den Lesern schadet, sondern auch dem Land. Darüber hinaus entsteht hier eine Zone der Rechtsunsicherheit, die wohl kein anderer Bereich der Gesellschaft kennt. Hielte man die Druckgenehmigungspraxis für eine langlebige Einrichtung, müßte man ein Druckgenehmigungsgesetz fordern, das Willkür unmöglich macht und ein Einspruchsrecht garantiert.

Da wir in einer auf Veränderung angelegten Gesellschaft leben, der das Abstreifen erstarrter Organisationformen nicht schwerfallen darf, kommt mir die Sache nicht langlebig, sondern anachronistisch vor. Angesichts der grenzüberschreitenden elektronischen Medien scheint mir der Angst vor dem gedruckten Wort Irrationales zugrunde zu liegen, dem mit Vernunft beizukommen sein müßte. Auch hier ist also Aufklärung, der man den Mund nicht verbieten sollte, gefragt.

Die aber ist Sache der Betroffenen, also auch die ihres Verbandes.

Großartige Arbeit, für die wir ihnen danken müssen, haben das Präsidium, die Vorstände, die Kommissionen und die Sekretariate seit jeher auf sozialem und rechtlichem Gebiet und, wie ich besonders hervorheben möchte, in der internationalen und der Friedensarbeit geleistet. Jetzt sollte der Verband versuchen, die Bedrückung durch die Druckgenehmigungspraxis weniger bedrückend zu machen und schließlich ganz abzubauen. Daß in dieser Hinsicht in Einzelfällen im verborgenen schon viel geschehen ist, glaube ich annehmen zu können. In Zukunft sollte das generell in Offenheit geschehen. Laut Statut vertritt der Verband auch die künstlerischen Belange seiner Mitglieder, und zu diesen gehört die Druckgenehmigungsfrage unbedingt. Im Rechenschaftsbericht des nächsten, des XI. Schriftstellerkongresses wünschte ich mir folgende Sätze lesen zu können: „In kameradschaftlichen, vom Geist gegenseitigen Verständnisses geprägten Beratungen mit dem Ministerium für Kultur und den anderen zuständigen Stellen wurde Übereinstimmung darüber erzielt, daß die Verantwortung für die Herausgabe von Büchern künftig vollständig bei den Autoren und ihren Verlagen liegt. Beide Seiten waren sich einig darüber, daß der Abbau der alten, von Mißtrauen bestimmten Druckgenehmigungspraxis längst überfällig war und daß die neue Praxis der Selbstverantwortung nicht nur der Qualität der Literatur, sondern auch der der gesamten Gesellschaft zugute kommen wird." [...]

Arbeitsanregungen

1. *Warum entspricht die Zensur von Literatur in den 80er Jahren dieses Jahrhunderts nicht mehr den historischen Gegebenheiten? Denkt besonders an die von Günter de Bruyn betonten Aspekte der Aufklärung und der Kritik.*
2. *Welche Folgen hat die Zensur für den Literaturprozeß und für den Staat?*
3. *Untersucht Argumente und Rhetorik Günter de Bruyns.*
4. *Die Erzählungen „Die Waage", „Element" und „Mit sozialistischem Gruß" erschienen zuerst in der BRD.*
   a) *Wie hätte wohl die Zensur in der DDR auf sie reagiert?*
   Begründet eure Überlegungen.
   b) *Prüft andere Texte dieses Buches. Welche für die Gesellschaft scheinbar „bedrohlichen", in Wirklichkeit aber hilfreichen Kritiken enthalten sie?*

Christa Wolf Nicht Ausgrenzung, sondern Integration!

Christa Wolf nahm nicht am X. Schriftstellerkongreß 1987 teil. Sie ließ den folgenden Brief verlesen:

Liebe Kollegen!

Wegen anderer Verpflichtungen kann ich nicht am Schriftstellerkongreß teilnehmen, möchte aber die wichtigsten Punkte, über die ich sonst ausführlich gesprochen hätte, wenigstens in gedrängter Form in diesem Brief übermitteln.

In den letzten Jahren sind von sozialistischen Ländern Ansätze zu einem neuen Denken ausgegangen, daraus folgend erste konkrete Abrüstungsschritte, erste Gründe für Hoffnung auf eine lebbare Zukunft. Viele Kollegen erkennen die Bedeutung dieser Prozesse, denken über neue Verhaltensformen nach, überprüfen alte Positionen und wollen zu Veränderungen beitragen, die das Verhältnis der Autoren in der DDR zueinander und das literarische Leben streitbarer, die Literatur wirksamer machen würden.

In der Geschichte des Schriftstellerverbandes der DDR gibt es nach meiner Ansicht Vorgänge, mit denen er sich auseinandersetzen muß, damit seine Arbeit produktiver werden könnte. Ich meine die Folgen der Unterschriften gegen die Ausbürgerung Wolf Biermanns 1976 und den ungerechtfertigten Ausschluß einer Reihe von Kollegen aus dem Schriftstellerverband 1977.

Jeder, der mich kennt, weiß, daß ich meinen Einspruch gegen diese Maßnahme immer aufrecht erhalten und auch nicht relativiert habe. Damals habe ich zu erreichen versucht, daß Widersprüche auf gleichberechtigter Basis ausgetragen werden. Als ich erkennen mußte, daß dies im Schriftstellerverband nicht möglich war, habe ich meine weitere Mitarbeit aufgegeben und dies in einem Brief an das Präsidium begründet.

Inzwischen sind zehn Jahre vergangen. Eine Anzahl von Kollegen, unter ihnen bedeutende Autoren, haben die DDR verlassen, jüngere sind ihnen später gefolgt, unter anderem, weil der Verband nicht fähig war, sie zu integrieren. Ich habe mich nicht daran gewöhnen können und wollen. Ich vermisse Freunde, Gesprächs- und Arbeitspartner, ich vermisse ihren Anteil an unserem geistigen Leben, auch dann, wenn ich in einigen Fällen ihre Haltung nicht teile. Ich spreche nicht von denen, die die DDR als Gegner verlassen haben. Ich spreche von jenen – und jetzt nicht nur von den Autoren, die gegangen, sondern auch von solchen, die geblieben sind –, die Konflikte, schmerzhafte Enttäuschungen, Restriktionen erfahren haben und die bis heute kaum Anzeichen von Verständnis oder Dialogbereitschaft von der Organisation erhielten, die auch sie vertreten soll. Ich spreche aber vor allem auch von den jungen Schriftstellern, die außerhalb des Schriftstellerverbandes bleiben, entweder weil man sie dort nicht aufnimmt oder weil sie dort keinen Ort für die offene Diskussion ihrer Probleme finden.

Manches hat sich in den letzten Jahren verändert, in der Publikationspolitik der Verlage, in den Medien. Arbeiten von Kollegen, die früher in der DDR lebten, wurden publiziert oder sind zum Druck vorgesehen. Ist es nicht an der Zeit, daß auch der Schriftstellerverband diese ermutigenden Ansätze stärker unterstützt? Voraussetzung fur eine Normalisierung der Verhältnisse mit den Kollegen, die die DDR verlassen haben, ist es, das Gespräch mit allen, die es wünschen, zu suchen. Ich glaube, es ist die Aufgabe des Verbandes, wenn er den Perspektiven der Zeit gerecht werden will, gegenwärtige und vergangene Probleme rückhaltlos und grundsätzlich auszutragen und den Ursachen für Konflikte nachzugehen. Nicht die Ausgrenzung, sondern die Integration besonders der jungen kritischen Autoren stünde ihm an. Die Brechtschen Forderungen für uneingeschränkte Publikation literarischer Werke mit den Einschränkungen, die wir alle kennen und billigen, sollten Gültigkeit bekommen.

Arbeitsanregungen

1. *Was fordert Christa Wolf vom Schriftstellerverband angesichts der sich deutlich verändernden gesellschaftlichen Verhältnisse?*
2. *Bewertet die im Brief erkennbare langjährige Haltung von Christa Wolf zu den komplizierten Problemen der Schriftsteller und der Literatur in der DDR.*
3. *Untersucht in der Chronik (S. 109 ff.), wieviele der dort aufgeführten Prosawerke zuerst oder bisher nur in der BRD erschienen sind. Welche Aussage von Christa Wolf wird dadurch bekräftigt?*

Schriftsteller der DDR 1989 Für notwendige Erneuerung

Seit dem Sommer 1989 flohen tausende DDR-Bürger in BRD-Botschaften oder über die ungarisch-österreichische Grenze. Unruhe erfaßte das Land auch angesichts erheblicher Reformbestrebungen in einigen sozialistischen Staaten.

Die Führung der SED aber verharrte in dogmatischer Ratlosigkeit. Unter jenen Mutigen und Weitsichtigen, die entscheidende Lösungen forderten, befanden sich im Herbst viele Schriftsteller der Republik. Nachfolgend drei Mitteilungen aus den Bezirksverbänden Berlin und Halle sowie vom Präsidium des Schriftstellerverbandes.

14. September 1989
Erklärung – beschlossen auf der Mitgliederversammlung des Bezirksverbandes Berlin des Schriftstellerverbandes der DDR

Angesichts der gegenwärtigen massenhaften Abwanderung von DDR-Bürgern können wir offizielle Verlautbarungen nicht hinnehmen, die behaupten, „nichts, aber auch gar nichts“ spreche „für die Notwendigkeit einer Kurskorrektur“. Es ist uns unerträglich, wie die Verantwortung für diese Situation abgeschoben wird, obwohl die Ursachen in nicht ausgetragenen Widersprüchen im eigenen Land liegen.

Das schließt die kritische Auseinandersetzung mit den westlichen Massenmedien ein. Der Exodus ist nur ein Zeichen für angestaute grundsätzliche Probleme in allen Bereichen der Gesellschaft. Es fehlt inzwischen nicht an Analysen und Ideen, sondern an Möglichkeiten, sich öffentlich über sie zu verständigen und sie wirksam zu machen. Aus Sorge um die weitere Entwicklung fordern wir, daß dieser demokratische Dialog auf allen Ebenen sofort beginnt.

4. Oktober 1989
Wortmeldung der Halleschen Schriftsteller

Anfang Oktober 1989 fand eine unseres Erachtens wichtige Mitgliederversammlung des Halleschen Bezirksverbandes der Schriftsteller statt. Gegenstand des Gesprächs waren wesentliche Fragen, die die weitere Entwicklung des Sozialismus in der DDR betreffen. Da wir uns als Schriftsteller in Wort und Tat für unser Land verantwortlich fühlen, halten wir es für unsere Pflicht, von den Ergebnissen unserer Beratung öffentlich Mitteilung zu machen.

Es war für alle Kollegen selbstverständlich, daß wir uns als verantwortungsbewußte Staatsbürger der DDR verstehen. Deshalb wenden wir uns sowohl gegen Obhutsabsichten anderer Länder wie gegen die unzulänglichen Möglichkeiten, uns als mündige Bürger dieses Landes am gesellschaftlichen Prozeß zu beteiligen.

Öffentliche Diskussion tut not. Marx folgend, liegt es im Wesen der sozialistischen Gesellschaft, daß sie sich ständig erneuern muß – daß sie sich kritisch mit ihrer Entwicklung auseinandersetzt und offen für neue Gedanken, Vorschläge und Konzeptionen ist.

Sorgen, die uns bewegen, sind zum Beispiel:

- Die sozialistische Demokratie ist unzureichend ausgeprägt.
- Statt Aufruf zum öffentlichen Dialog begegnen uns passive, administrative Reaktionen.
- Es gibt deutliche Anzeichen dafür, daß das Vertrauensverhältnis zwischen Staat und Bürgern beschädigt ist.
- In den Massenmedien der DDR ist von den wirklichen Widersprüchen unseres Landes nahezu nichts zu erfahren. Damit geraten tatsächlich erzielte Erfolge in Mißkredit.

Weitere Diskussionspunkte waren das Verhältnis von Staat und Kirche, Fragen der Blockpolitik, die Erziehung der Jugend zu Aufrichtigkeit und bewußter Staatsbürgerschaft, diffamierender Sprachgebrauch in der Presse sowie, daß von der Gesellschaftswissenschaft lange anstehende Fragen nicht zur Diskussion gestellt worden sind.

Wir Schriftsteller des Bezirkes Halle sind der Ansicht, es muß eine Atmosphäre geschaffen werden, in der jedes Individuum ernst genommen wird. Niemand, der sich ernsthaft, kritisch und konstruktiv zu Wort meldet, darf in den Verdacht geraten, gegen den Sozialismus zu sein. Wir brauchen alle. So wie wir die große Koalition der Vernunft für die Erhaltung des Friedens in der Welt benötigen, brauchen wir die Koalition der Vernunft im eigenen Land – für die Entwicklung des Sozialismus.

Wir meinen, daß es wesentlich ist, uns im realen Sozialismus über die Ideale und Grundwerte, mit denen wir angetreten sind, öffentlich und gemeinsam zu verständigen und sie nach besten Kräften zu verwirklichen.

Im Verlauf der Mitgliederversammlung wurden Texte und Bekenntnisse verschiedener Gruppierungen und Verbände vorgestellt und kontrovers diskutiert. Im Ergebnis dessen entstand der mehrheitliche Beschluß, den Bericht unserer Versammlung öffentlich zu machen.

Das ist nicht unser letztes Wort. Die Autoren unseres Verbandes haben beschlossen, sich mit den hier benannten Problemen an der notwendigen öffentlichen Diskussion publizistisch in unseren Tageszeitungen beteiligen zu wollen.

Im Auftrag der Mitgliederversammlung des Bezirksverbandes Halle

Manfred Jendryschik, Jörg Kowalski, Christine Lambrecht, Andreas Montag, Dieter Mucke, Erik Neutsch, Konrad Potthoff, Hans-Jürgen Steinmann

Halle, am 4. Oktober 1989

11. Oktober 1989
Mitteilung des Präsidiums des Schriftstellerverbandes der DDR

Am 11. Oktober 1989 tagte das Präsidium des Schriftstellerverbandes der DDR. An der Sitzung nahmen teil: Hermann Kant, Jurij Brežan, Rainer Kerndl, Joachim Nowotny, Gerhard Henniger, Horst Beseler, Volker Braun, John Erpenbeck, Walter Flegel, Günter Görlich, Waldtraut Lewin, Herbert Otto, Maria Seidemann, Rosemarie Schuder, Rudi Strahl.

Das Präsidium verabschiedete einstimmig folgende Mitteilung:

Wir, die Mitglieder des Präsidiums des Schriftstellerverbandes der DDR, haben am 11. Oktober 1989 getagt. Viele Bezirksverbände haben in Entschließungen ihre tiefe Sorge um unser Land bekundet. Ideologische, ökonomische und soziale Stagnation gefährden zunehmend das bisher Erreichte. Die Ignoranz der Medien ist unerträglich. Der öffentliche demokratische Dialog auf allen gesellschaftlichen Ebenen über Gleichgültigkeit, Verantwortungslosigkeit, Mißwirtschaft und Bevormundung muß sofort beginnen. Besorgte Haltungen und Äußerungen dürfen nicht unterdrückt und kriminalisiert werden.

Wir sind uns der Errungenschaften der DDR, wie ihrer konsequent antifaschistischen Haltung, ihres fundierten Beitrags zur Abrüstung und ihrer sozialen Erfolge durchaus bewußt. Die Auseinandersetzung mit westlichen Vorschlägen, die diese Errungenschaften in Frage stellen, ist für uns selbstverständlich. Was jetzt aber notwendig ist, ist die revolutionäre Reform; nicht Reform ist zu fürchten, sondern die Furcht vor ihr. Notwendig ist der Übergang zur „Assoziation, worin die freie Entwicklung eines jeden die Bedingung für die freie Entwicklung aller ist“ (Kommunistisches Manifest). Wir fordern die Veröffentlichung der Entschließung der Bezirksverbände. Die Mitglieder des Präsidiums solidarisieren sich mit dem Offenen Brief ihres Verbandspräsidenten Hermann Kant.

Am 12. Oktober 1989 fügen wir hinzu: In der inzwischen abgegebenen Erklärung des Politbüros des ZK der SED sehen wir einen ersten Ansatzpunkt für notwendige Erneuerungen und werden an ihrer konsequenten Durchsetzung nach besten Kräften mitarbeiten.

Arbeitsanregungen

1. *Lest die drei Mitteilungen sorgfältig durch. Welche Forderungen vertreten sie weitgehend einheitlich?*
2. *Worin unterscheiden sie sich!? Achtet*
   - *auf den Zeitpunkt ihres Erscheinens,*
   - *auf die Bezugnahme zur „sozialistischen DDR“,*
   - *auf die Konkretheit der Forderungen,*
   - *auf den Ton.*

Quellenverzeichnis der Primärtexte

Brecht, Bertolt: Eulenspiegel als Arzt. Aus: Bertolt Brecht: Werke in fünf Bänden, Band 4. Aufbau-Verlag, Berlin und Weimar 1975. 2. Auflage, S. 493 – 495

Seghers, Anna: Der Baum des Odysseus. Aus: Anna Seghers: Erzählungen 1926 – 1944. Gesammelte Werke in Einzelausgaben, Band IX. Aufbau-Verlag, Berlin 1981. 2. Auflage, S. 275 – 276

Strittmatter, Erwin: Zwei Männer auf einem Wagen. Aus: Erwin Strittmatter: Ein Dienstag im September. 16 Romane im Stenogramm. Aufbau-Verlag, Berlin und Weimar 1969. 1. Auflage, S. 90 – 101

Hermlin, Stephan: In einer dunklen Welt. Aus: Stephan Hermlin: Arkadien. Gesammelte Erzählungen. Verlag Philipp Reclam jun., Leipzig 1985. 2. Auflage, S. 190 – 198

Bobrowski, Johannes: Mäusefest. Aus: Johannes Bobrowski: Erzählungen. Hg. v. Bernd Leistner. Verlag Philipp Reclam jun. Leipzig 1978. 1. Auflage, S. 69 – 71

Fühmann, Franz: Drei nackte Männer. Aus: Franz Fühmann: Erzählungen 1955 – 1975. VEB Hinstorff Verlag, Rostock 1980. 2. Auflage, S. 509 – 522

Rücker, Günther: Eine Geschichte aus dem mittleren Thüringen. Aus: Günther Rücker: Anton Popper und andere Erzählungen. Aufbau-Verlag, Berlin 1985. S. 87 – 95

Kant, Hermann: Krönungstag. Aus: Hermann Kant: Ein bißchen Südsee. Aufbau-Verlag, Berlin und Weimar 1969, S. 5 – 18

de Bruyn, Günter: Vergißmeinnicht. Aus: Günter de Bruyn: Ein schwarzer, abgrundtiefer See. Erzählungen. Zweite, überarbeitete und erweiterte Ausgabe. Mitteldeutscher Verlag, Halle/Saale 1966, S. 259 – 267

Wolf, Christa: Anekdotisches. Aus: Jetzt. 50 Geschichten vom Alltag. Hg. von Gerhard Rothbauer. Verlag Philipp Reclam jun., Leipzig 1988. 2. Auflage, S. 275 – 277 (Erstdruck: Autoren. Verleger. Bücher. Ein Almanach. Verlag Philipp Reclam, jun., Leipzig 1985.)

Müller, Heiner: Das Eiserne Kreuz Aus: Bettina pflückt wilde Narzissen. 66 Geschichten von 44 Autoren. Mitteldeutscher Verlag. Halle/Saale 1972. Hg. v. Manfred Jendryschik, 4. Auflage, S. 144 – 146 Aus: Heiner Müller: Licht des Jahrhunderts. Verlag der Nation, Berlin 1964

Kunert, Günter: Die Waage. Aus: Günter Kunert: Die Beerdigung findet in aller Stille statt. Erzählungen. Deutscher Taschenbuch Verlag, München 1984, S. 16 – 22

Nowotny, Joachim: Legende von der Sintflut. Aus: Joachim Nowotny: Labyrinth ohne Schrekken. Erzählungen. Mitteldeutscher Verlag, Halle/Saale 1967, S. 134 – 143

Kunze, Reiner: Element. Aus: Reiner Kunze: Die wunderbaren Jahre. Prosa. S. Fischer Verlag GmbH, Frankfurt am Main 1976, S. 38 – 42

Braun, Volker: Die erste Erscheinung des Neuen ist der Schrecken./Der Augenzeuge. Aus: Volker Braun: Unvollendete Geschichte. Arbeit für morgen. Mitteldeutscher Verlag, Halle-Leipzig 1988. 1. Auflage, S. 85; S. 97

Braun, Volker: Verheerende Folgen mangelnden Anscheins innerbetrieblicher Demokratie. Aus: Volker Braun: Verheerende Folgen mangelnden Anscheins innerbetrieblicher Demokratie. Schriften. Verlag Philipp Reclam jun., Leipzig 1988. 1. Auflage, S. 36 – 37

Schubert, Helga: Das Märchen von den glücklichen traurigen Menschen. Aus: Der Holzwurm und der König. Märchenhaftes und Wundersames für Erwachsene. Hg. v. Klaus Hammer. Mitteldeutscher Verlag, Halle – Leipzig 1985, S. 208 – 214

Brasch, Thomas: Mit sozialistischem Gruß. Aus: Thomas Brasch: Vor den Vätern sterben die Söhne. VEB Hinstorff Verlag, Rostock 1990. 1. Auflage, S. 72 – 73

Rosenlöcher, Thomas: Der Untergang der Banane. Aus: Begrenzt glücklich. Kindheit in der DDR. Hg. von Wilhelm Solms. Hitzeroth, Marburg 1992. 1. Auflage, S. 7 – 11

Krauß, Angela: Der Zuchtmeister. (leicht verändert) Aus: Angela Krauß: Glashaus. Aufbau-Verlag, Berlin und Weimar 1988. 1. Auflage, S. 59 – 61 (Ein Morgen auf dem Land)

Rathenow, Lutz: Wenn der Streit unmittelbar bevorsteht. Aus: Brennesselsuppe und Hiatiti. Erzählte Kindheit. Hg. v. Joachim Walther. Buchverlag Der Morgen, Berlin 1983. 1. Auflage, S. 450 – 451

Quellenverzeichnis der Dokumentartexte

Verfassung der Deutschen Demokratischen Republik. Staatsverlag der Deutschen Demokratischen Republik, Berlin 1974. 1. Auflage, S. 23 – 24; S. 34

Johannes R. Becher: Brief an die Parteigruppe der SED im Deutschen Schriftstellerverband. In: Johannes R. Becher: Gesammelte Werke. Band 18. Publizistik IV. Hg. vom Johannes-R.-Becher-Archiv der Akademie der Künste der DDR. Aufbau-Verlag, Berlin und Weimar 1981. 1. Auflage, S. 665 f.

Franz Fühmann: Brief an den Minister für Kultur (gekürzt). In: In eigener Sache. Briefe von Künstlern und Schriftstellern. Mitteldeutscher Verlag, Halle/Saale 1964, S. 5 – 15

Anna Seghers: Die DDR und ihre Schriftsteller (Auszug). In: Über Kunstwerk und Wirklichkeit. IV. Ergänzungsband. Hg. Sigrid Bock. Akademie-Verlag, Berlin 1979, S. 115 – 124

Sarah Kirsch u.a.: Protestbrief gegen die Ausbürgerung Wolf Biermanns. In: Wolfgang Emmerich: Kleine Literaturgeschichte der DDR. 1945 – 1988. Erweiterte Ausgabe. Luchterhand Literaturverlag, Frankfurt am Main, 1989, S. 250 f.

Wolf Biermann: Warte nicht auf bessre Zeiten. In: Wolf Biermann: Alle Lieder. Bertelsmann Club GmbH, Gütersloh 1991, S. 96 – 98

Günter de Bruyn: Diskussionsbeitrag auf dem X. Schriftstellerkongreß (Auszug). In: Neue Deutsche Literatur. Hg. vom Schriftstellerverband der DDR. Heft 3/1988 (36. Jahrgang), S. 85 – 87

Christa Wolf: Brief an den X. Schriftstellerkongreß (verlesen von Günter de Bruyn). In: ebd., S. 88 – 89

Aus dem Schriftstellerverband der DDR: Für notwendige Erneuerung. In: Neue Deutsche Literatur. Heft 1/1990

- Erklärung, beschlossen auf der Mitgliederversammlung des Bezirksverbandes Berlin des Schriftstellerverbandes der DDR, S. 145
- Wortmeldung der Halleschen Schriftsteller, S. 167 f.
- Mitteilung des Präsidiums des Schriftstellerverbandes der DDR, S. 174

Bildquellenverzeichnis

Shaw, Elizabeth: Bertolt Brecht. Zeichnung. © Eulenspiegel Verlagsgesellschaft mbH. Das Neue Berlin, Berlin 1994 – S. 7; Dürer, Albrecht: Wahrheit verschweigen. Holzschnitt. © Insel-Verlag, Leipzig 1994 – S. 28; Sitte, Willi: Vor der Sauna. Grafik, 1984. © VG Bild-Kust, Bonn 1994 – S. 41; Kunert, Günter: Illustration zu dem Text „Alltägliche Geschichte einer Berliner Straße", 1977/78. © Günter Kunert, Kaisborstel 1994 – S. 69; Dürer, Albrecht: Vom Ende der Macht. Holzschnitt. © Insel-Verlag, Leipzig 1994 – S. 76; Autor unbekannt: V. Festival der Freundschaft zwischen der Jugend der DDR und der UdSSR in Karl-Marx-Stadt, Mai 1980. Fotografie. – S. 86; Kretzschmar, Harald: Damit er nicht etwa zu weit sieht. Karikatur, 1974. – S. 90; Hirschmann, Lutz: Der Clown. Karikatur, 1986. – S. 95; Chmura, Bernd A.: Bananen-Republik. Karikatur, 1986. – S. 102; Büttner, Henry: Ohne Titel. Karikatur. © Eulenspiegel Verlagsgesellschaft mbH. Das Neue Berlin, Berlin 1994. – S. 108.